Lachen und Lernen

Deutschunterricht mit Witzen

Bernd Wehren

Lesen, Abschreiben und Erzählen üben

Materialien in 3 Differenzierungsstufen

Verlag an der Ruhr

Impressum

Titel
Lachen und Lernen – Deutschunterricht mit Witzen
Lesen, Abschreiben und Erzählen üben – Materialien in 3 Differenzierungsstufen

Autor
Bernd Wehren

Titelbildmotiv
Tafel mit Schulkreide © Anna-Mari West | Fotolia.com

Illustrationen
Norbert Höveler

Verlag an der Ruhr
Mülheim an der Ruhr
www.verlagruhr.de

Geeignet für die Klassen 2–4

ISBN 978-3-8346-2727-8

Printed in Germany

Inhaltsverzeichnis

Einleitung

Kinder lieben Witze und Sketche – egal ob sie sie lesen, hören, sehen oder selber erzählen oder vorspielen. Über Witze und Sketche kann man aber nur lachen, wenn man den Sinngehalt, die Pointe wirklich verstanden hat. Daher sind Witze eine ideale Textsorte, um das sinnerfassende Lesen spielerisch und kindgemäß zu trainieren.

Die Aufgaben in diesem Buch zum Thema „Witze" können im Lehrplan Deutsch folgenden Schwerpunkten zugeordnet werden:

- zu anderen sprechen,
- verstehendes Zuhören,
- szenisch spielen,
- richtig abschreiben,
- Lesestrategien nutzen,
- Texte präsentieren.

Zum Umgang mit dem Material

Mithilfe der Kopiervorlagen in diesem Buch lernen die Kinder 60 kurze Witze und Sketche kennen, die in ihrer Lebenswirklichkeit spielen:

- Freizeit
- Zuhause
- Schule

Dabei sind die Witze in drei Differenzierungsstufen eingeteilt. Diese Einteilung können Sie an den Punkten am oberen Rand des jeweiligen Arbeitsblattes ablesen:

● = leicht
●● = mittel
●●● = schwer

Die Bearbeitung der Arbeitsblätter erfolgt nach diesem **Schema:**

1. Die Kinder ordnen die Wörter bzw. Sätze der Witze und Sketche richtig oder streichen falsche Wörter.
2. Die Kinder schreiben die Witze richtig ab. Dies fördert das genaue und sinnerfassende Lesen, den richtigen Satzbau, aber auch das fehlerfreie Abschreiben von Texten.
3. Die Kinder beantworten Inhaltsfragen zum Witz. So wird das sinnerfassende Lesen weiter vertieft.
4. Die Kinder wählen aus drei freiwilligen Zusatzaufgaben (= quantitative und qualitative Differenzierung) eine Aufgabe aus.
   Die Kinder können …
   a) einen Comic zum Witz malen.
   b) den Witz als Sketch vorspielen.
   c) den Witz auswendig lernen und anderen erzählen.

Die **Lösungsblätter** (ab S. 79) ermöglichen eine Selbstkontrolle für die Schüler* oder/und eine Vergleichsmöglichkeit für Sie als Lehrer. Kopieren Sie die entsprechenden Lösungsseiten auf DIN A4 für die Hand der Kinder oder heften Sie sie laminiert an die Rückseite der Tafel.

* Aus Gründen der besseren Lesbarkeit haben wir in diesem Buch durchgehend die männliche Form verwendet. Natürlich sind damit auch immer Frauen und Mädchen gemeint, also Lehrerinnen, Schülerinnen etc.

Einleitung

Zum Einsatz des Materials

Sie können die 3-fach differenzierten Arbeitsblätter im Deutschunterricht, in der Frei-, Wochenplan- und Stationsarbeit, aber auch gezielt für eine „Witze- und Sketche-Unterrichtsreihe“ oder „Witz- und Sketch-Parade“ einsetzen. So werden Sie einem schülerorientierten und offenen Unterricht gerecht.

Mit der **Urkunde** (S. 9) oder dem **Club-Mitgliedsausweis** (S. 10) haben Sie die Möglichkeit, ihre jungen Comedians zu belohnen und zu motivieren. Auf dem Club-Mitglied-Ausweis sollen die Kinder auf den Innenseiten und auf der Rückseite des Mini-Buches ihre drei Lieblingswitze aufschreiben. Kopieren Sie dazu die Vorlage und lassen Sie sie von den Kindern ausschneiden.

Wenn Ihre Schüler die Witze und Sketche anderen Klassen und Eltern bei Festen o. Ä. vortragen und vorspielen möchten, helfen dabei die **Planungsfragen für eine Witz- und Sketch-Parade** (S. 6), die **Einladungen zur Witz- und Sketch-Parade** (S. 7/8) und die **Checkliste: Das Erzählen, Vortragen und Vorspielen üben** (S. 11). Halten Sie mit dem **Beurteilungs-Schema und mögliche Fördermaßnahmen** (S. 12) fest, welche Teil-Lernziele jeder Schüler erreicht hat und in welchen Bereichen Förderbedarf besteht.

Viel Spaß und Erfolg mit den Witzen und Sketchen wünscht

Bernd Wehren

Planungsfragen für eine Witz- und Sketch-Parade

	erledigt	Bemerkungen
1. Wer erzählt welche(n) Witz(e)? Wer spielt welche(n) Witz(e) oder Sketch(e)?		
2. In welcher Reihenfolge erzählen die Schüler(gruppen) die Witze oder führen die Sketche auf?		
3. Brauchen wir Masken, Kostüme, Requisiten?		
4. Wo und wann (Datum und Uhrzeit) findet die Witze- und Sketch-Vorstellung statt?		
5. Wie lange dauert eine Vorstellung ungefähr?		
6. Wer füllt die Einladungen (Vorlage S. 7) für die Klassen oder Eltern aus?		
7. Soll es Werbe-Plakate geben? Wenn ja, wer gestaltet sie?		
8. Brauchen wir eine Musik-Anlage, Lautsprecher und ein Mikrofon?		
9. Wie gestalten wir Bühne und Zuschauerraum (Stühle, Podeste, Kulisse …)?		
10. Können die Kinder die Witze und Sketche laut, verständlich, betont vortragen?		
11. Brauchen wir einen Moderator, der durch die Vorstellung führt?		
12. Wann und wo proben wir?		
13. Wann findet die Generalprobe statt?		
14.		

Vorlage Eltern: Einladungen zur Witz- und Sketch-Parade

Liebe Eltern!

Wir möchten euch herzlich zu unserer Witz- und Sketch-Parade einladen.

Wann: ....

Uhrzeit: ....

Dauer: ....

Wo: ....

Wir freuen uns auf euch!
Euer lachendes Klassenzimmer der ....

Liebe Eltern!

Wir möchten euch herzlich zu unserer Witz- und Sketch-Parade einladen.

Wann: ....

Uhrzeit: ....

Dauer: ....

Wo: ....

Wir freuen uns auf euch!
Euer lachendes Klassenzimmer der ....

Vorlage Klasse: Einladungen zur Witz- und Sketch-Parade

Liebe Kinder der Klasse ....!

Wir möchten euch herzlich zu unserer Witz- und Sketch-Parade einladen.

Wann: ....

Uhrzeit: ....

Dauer: ....

Wo: ....

Wir freuen uns auf euch!
Euer lachendes Klassenzimmer der ....

Liebe Kinder der Klasse ....!

Wir möchten euch herzlich zu unserer Witz- und Sketch-Parade einladen.

Wann: ....

Uhrzeit: ....

Dauer: ....

Wo: ....

Wir freuen uns auf euch!
Euer lachendes Klassenzimmer der ....

Vorlage: Urkunde

Urkunde

für

Du kannst viele lustige Witze erzählen
und kleine Sketche vorführen.
Du bringst damit jeden zum Lachen.
Toll! Weiter so!

Ort und Datum

Unterschrift

Vorlage: Club-Mitgliedsausweis für „Das lachende Klassenzimmer"

Mein(e) Lieblingswitz(e)

....

....

....

....

....

....

Club-Mitgliedsausweis

„Das lachende Klassenzimmer"

Name: ....

Mein(e) Lieblingswitz(e)

....

....

....

....

....

....

Club-Mitgliedsausweis

„Das lachende Klassenzimmer"

Name: ....

Checkliste: Das Erzählen, Vortragen und Vorspielen üben

Name(n): ....

1. Welchen Witz habt ihr/ hast du ausgewählt? Schreibe die Nummer auf: ....

2. Wollt ihr den Witz erzählen? ja ☐ nein ☐

3. Wollt ihr den Witz als Sketch vorspielen? ja ☐ nein ☐

Übt in Gruppen und überprüft euch gegenseitig, ob ihr die folgenden **Tipps** umgesetzt habt:

So erzählst du einen Witz gut

- Erzählte deinen Witz langsam, laut und deutlich. Geschafft? ☐ Ja, prima. ☐ Noch nicht, übe. ☐
- Verstelle deine Stimme bei wörtlicher Rede, also wenn zum Beispiel eine Person etwas sagt. Geschafft? ☐ Ja, prima. ☐ Noch nicht, übe. ☐
- Mache eine kurze Pause vor der Pointe. Geschafft? ☐ Ja, prima. ☐ Noch nicht, übe. ☐
- Setze deine Mimik, Gestik und deinen Körper ein. Geschafft? ☐ Ja, prima. ☐ Noch nicht, übe. ☐
- Schaue die Zuhörer, das Publikum an. Geschafft? ☐ Ja, prima. ☐ Noch nicht, übe. ☐

So spielt ihr einen Sketch gut

- Überlegt, wie man den Sketch etwas ausweiten kann. Geschafft? ☐ Ja, prima. ☐ Noch nicht, übt. ☐
- Überlegt, wie die Personen in dem Sketch reden, sich bewegen, was sie tun. Geschafft? ☐ Ja, prima. ☐ Noch nicht, übt. ☐
- Sprecht langsam, laut und deutlich. Geschafft? ☐ Ja, prima. ☐ Noch nicht, übt. ☐
- Verstellt eure Stimmen bei wörtlicher Rede. Geschafft? ☐ Ja, prima. ☐ Noch nicht, übt. ☐
- Sprecht nacheinander und macht kurze Pausen, bevor der Nächste spricht. Geschafft? ☐ Ja, prima. ☐ Noch nicht, übt. ☐
- Macht eine kurze Pause vor der Pointe. Geschafft? ☐ Ja, prima. ☐ Noch nicht, übt. ☐
- Setzt eure Mimik, Gestik und eure Körper ein. Geschafft? ☐ Ja, prima. ☐ Noch nicht, übt. ☐
- Bewegt euch, bleibt nicht auf der Stelle stehen. Geschafft? ☐ Ja, prima. ☐ Noch nicht, übt. ☐
- Schaut die Zuschauer, das Publikum an. Geschafft? ☐ Ja, prima. ☐ Noch nicht, übt. ☐

Beurteilungs-Schema und mögliche Fördermaßnahmen

Name: .... Klasse: .... Beobachtungszeitraum: von .... bis ....

1. Was traut sich das Kind zu (= Selbsteinschätzung)?
Kreuzen Sie die vom Kind gewählten Witze an. So erkennen Sie, was sich das Kind *momentan* und *im Laufe der Zeit* zutraut.

Differenzierungsstufe **leichte** Witze: ● ○ ○ 1, 2, 3, 4, 5, 6, 7, 8, 9, 10, 11, 12, 13, 14, 15, 16, 17, 18, 19, 20
Differenzierungsstufe **mittelschwere** Witze: ● ● ○ 21, 22, 23, 24, 25, 26, 27, 28, 29, 30, 31, 32, 33, 34, 35, 36, 37, 38, 39, 40
Differenzierungsstufe **schwere** Witze: ● ● ● 41, 42, 43, 44, 45, 46, 47, 48, 49, 50, 51, 52, 53, 54, 55, 56, 57, 58, 59, 60

2. Welche und wie viele Aufgaben erledigt das Kind ordentlich und vollständig?
Kreuzen Sie ein bis drei Buchstaben an. So erkennen Sie, welche Aufgaben das Kind erledigt und in welchem Maße es sie *vollständig, korrekt* sowie *ordentlich* erledigt.

A = vollständig erledigt **B** = teilweise erledigt **C** = nicht erledigt **D** = richtig **E** = teilweise richtig **F** = falsch **G** = ordentlich

Aufgabe		**Witz-Nr.:**	**Witz-Nr.:**	**Witz-Nr.:**	**Witz-Nr.:**	**Witz-Nr.:**	**Witz-Nr.:**	**Witz-Nr.:**	**Witz-Nr.:**
1.	lesen	ABCDEFG	ABCDEFG	ABCDEFG	ABCDEFG	ABCDEFG	ABCDEFG	ABCDEFG	ABCDEFG
2.	ordnen, streichen	ABCDEFG	ABCDEFG	ABCDEFG	ABCDEFG	ABCDEFG	ABCDEFG	ABCDEFG	ABCDEFG
	abschreiben, lesen	ABCDEFG	ABCDEFG	ABCDEFG	ABCDEFG	ABCDEFG	ABCDEFG	ABCDEFG	ABCDEFG
3.	Aussagen ankreuzen	ABCDEFG	ABCDEFG	ABCDEFG	ABCDEFG	ABCDEFG	ABCDEFG	ABCDEFG	ABCDEFG
4. a)	Comic malen	ABCDEFG	ABCDEFG	ABCDEFG	ABCDEFG	ABCDEFG	ABCDEFG	ABCDEFG	ABCDEFG
4. b)	vorspielen	ABCDEFG	ABCDEFG	ABCDEFG	ABCDEFG	ABCDEFG	ABCDEFG	ABCDEFG	ABCDEFG
4. c)	auswendig erzählen	ABCDEFG	ABCDEFG	ABCDEFG	ABCDEFG	ABCDEFG	ABCDEFG	ABCDEFG	ABCDEFG

3. Stärken, Schwächen und mögliche Fördermaßnahmen:

....

....

Witze 1–20

Differenzierungsstufe „leicht" ●○○

1. Lies die Sätze.

1 „Wohl nicht, denn ich muss morgen wieder hin.“

2 „Hat in der Schule alles gut geklappt?“

3 Der kleine Julian antwortet traurig:

4 Die Mutter fragt Julian nach dem ersten Schultag:

2. Ordne die Sätze. Schreibe die Zahlen in die Kästchen.
Schreibe den Witz richtig ab. Lies.

☐ ______________________________

☐ ______________________________

☐ ______________________________

☐ ______________________________

3. Kreuze an.

a) Nach dem ersten Schultag fragt die Mutter ihre Tochter etwas.	ja ☐	nein ☐	vielleicht ☐
b) Julian hält den Schulranzen in seinen Händen.	ja ☐	nein ☐	vielleicht ☐
c) Juliane antwortet traurig.	ja ☐	nein ☐	vielleicht ☐
d) Der Sohn muss am nächsten Tag wieder zur Schule.	ja ☐	nein ☐	vielleicht ☐

4. Das kannst du auch noch machen:

a) Male einen Comic zum Witz. b) Spielt den Witz als Sketch. c) Lerne den Witz auswendig. Erzähle ihn.

Tipp:
Schreibe die richtigen Zahlen vor die Zeilen.

1. Lies die Sätze.

1 Jan antwortet seinem Vater: „Eine sehr gute Idee!

2 „Jan, für das schlechte Zeugnis gibt es Hausarrest!“

3 Ich weiß, wo meine Lehrerin wohnt!“

4 Herr Weizenkeim tobt und brüllt vor Wut:

2. Ordne die Sätze. Schreibe die Zahlen in die Kästchen.
Schreibe den Witz richtig ab. Lies.

☐ ______________________________

☐ ______________________________

☐ ______________________________

☐ ______________________________

3. Kreuze an.

a) Der Sohn von Herrn Weizenkeim ist sehr wütend.	ja ☐	nein ☐	vielleicht ☐
b) Jan hat auf seinem Zeugnis nur gute Noten.	ja ☐	nein ☐	vielleicht ☐
c) Jan muss wegen der Zeugnisnoten den Rasen mähen.	ja ☐	nein ☐	vielleicht ☐
d) Die Lehrerin von Jan wohnt in der „Nordstraße”.	ja ☐	nein ☐	vielleicht ☐

4. Das kannst du auch noch machen:

a) Male einen Comic zum Witz. b) Spielt den Witz als Sketch. c) Lerne den Witz auswendig. Erzähle ihn.

1. Lies die Sätze.

1 „Habe ich wirklich die Masern?“ Der Arzt nickt.

2 Der Sohn des Arztes fragt seinen Vater am Abend:

3 wenn ich zur Schule gehe und dort viele Kinder anstecke?“

4 Darauf der Sohn: „Was kriege ich von dir,

2. Ordne die Sätze. Schreibe die Zahlen in die Kästchen.
Schreibe den Witz richtig ab. Lies.

3. Kreuze an.

a) Der Vater ist Tierarzt.	ja ☐	nein ☐	vielleicht ☐
b) Der Junge will wissen, ob er die Röteln hat.	ja ☐	nein ☐	vielleicht ☐
c) Der Junge will zur Schule gehen und viele Kinder anstecken.	ja ☐	nein ☐	vielleicht ☐
d) Der Sohn kriegt zur Belohnung viele Süßigkeiten.	ja ☐	nein ☐	vielleicht ☐

4. Das kannst du auch noch machen:

a) Male einen Comic zum Witz. b) Spielt den Witz als Sketch. c) Lerne den Witz auswendig. Erzähle ihn.

1. Lies die Sätze.

1 Papa: „Und was lernt ihr morgen in der Schule?“
2 Ben antwortet: „In welcher Schule?“
3 Sohn Ben sagt: „Wir haben Dynamit hergestellt.“
4 Papa fragt: „Was habt ihr in der Schule gelernt?“

Tipp:
Schreibe die richtigen Zahlen vor die Zeilen.

2. Ordne die Sätze. Schreibe die Zahlen in die Kästchen.
Schreibe den Witz richtig ab. Lies.

☐ ______________________________

☐ ______________________________

☐ ______________________________

☐ ______________________________

3. Kreuze an.

a) Der Papa fragt Ben, was sie in der Schule gelernt haben.	ja ☐	nein ☐	vielleicht ☐
b) In der Schule haben die Schüler Sprengstoff hergestellt.	ja ☐	nein ☐	vielleicht ☐
c) Der Vater von Ben ist Direktor einer Grundschule.	ja ☐	nein ☐	vielleicht ☐
d) Der Sohn geht am nächsten Tag wieder in seine Schule.	ja ☐	nein ☐	vielleicht ☐

4. Das kannst du auch noch machen:

a) Male einen Comic zum Witz. b) Spielt den Witz als Sketch. c) Lerne den Witz auswendig. Erzähle ihn.

1. Lies die Sätze.

1 Charlotte meint: „Ist doch klar: Wald!“

2 Die Deutsch-Lehrerin Frau Flötenaugust hat eine Frage:

3 Wie heißt also die Mehrzahl von Baum?“

4 „Charlotte, die Mehrzahl von Maus heißt Mäuse.

2. Ordne die Sätze. Schreibe die Zahlen in die Kästchen.
Schreibe den Witz richtig ab. Lies.

☐ ______________________________

☐ ______________________________

☐ ______________________________

☐ ______________________________

3. Kreuze an.

a) Der Name der Lehrerin ist ein Instrument und ein Monatsname.	ja ☐	nein ☐	vielleicht ☐
b) Frau Flötenaugust ist sehr beliebt bei den Schülern.	ja ☐	nein ☐	vielleicht ☐
c) Charlotte hat heute Geburtstag.	ja ☐	nein ☐	vielleicht ☐
d) Die Mehrzahl von Baum heißt Bäume.	ja ☐	nein ☐	vielleicht ☐

4. Das kannst du auch noch machen:

a) Male einen Comic zum Witz. b) Spielt den Witz als Sketch. c) Lerne den Witz auswendig. Erzähle ihn.

1. Lies die Sätze.

1 Julia sagt: „Das nützt nichts. Er macht sie auch nicht."

2 Der Lehrer meint: „Dann muss ich mit dem Papa reden."

3 „Hast du die Hausaufgaben gemacht?" Julia verneint.

4 Zu Beginn des Unterrichts fragt der Klassenlehrer Julia:

Tipp:
Schreibe die richtigen Zahlen vor die Zeilen.

2. Ordne die Sätze. Schreibe die Zahlen in die Kästchen.
Schreibe den Witz richtig ab. Lies.

☐ ____________________

☐ ____________________

☐ ____________________

☐ ____________________

3. Kreuze an.

a) Der Klassenlehrer fragt Julia am Ende des Unterrichts etwas. ja ☐ nein ☐ vielleicht ☐

b) Julia hat die Hausaufgaben nicht gemacht. ja ☐ nein ☐ vielleicht ☐

c) Der Lehrer will mit Julias Vater sprechen. ja ☐ nein ☐ vielleicht ☐

d) Der Vater von Julia ist sehr streng. ja ☐ nein ☐ vielleicht ☐

4. Das kannst du auch noch machen:

a) Male einen Comic zum Witz. b) Spielt den Witz als Sketch. c) Lerne den Witz auswendig. Erzähle ihn.

1. Lies die Sätze.

1 Deine Hausaufgaben sind schon wieder richtig."

2 Lehrer Sockenschuss lobt Kai: „Toll!

3 seitdem Mama Papa bei meinen Hausaufgaben hilft."

4 Da sagt Kai mit einem breiten Grinsen: „Das klappt,

2. Ordne die Sätze. Schreibe die Zahlen in die Kästchen.
Schreibe den Witz richtig ab. Lies.

☐ ______________________________

☐ ______________________________

☐ ______________________________

☐ ______________________________

3. Kreuze an.

a) Die Hausaufgaben von Lehrer Sockenschuss sind wieder richtig. ja ☐ nein ☐ vielleicht ☐

b) Kai ist ein Schüler von Lehrer Sockenschuss. ja ☐ nein ☐ vielleicht ☐

c) Die Mutter hilft dem Vater bei den Hausaufgaben von Kai. ja ☐ nein ☐ vielleicht ☐

d) Kai hat ein rotes Hausaufgaben-Heft. ja ☐ nein ☐ vielleicht ☐

4. Das kannst du auch noch machen:

a) Male einen Comic zum Witz. b) Spielt den Witz als Sketch. c) Lerne den Witz auswendig. Erzähle ihn.

1. Lies die Sätze.

1 Ben: „Mami, gute Neuigkeiten. Du hast mir doch 20 Euro
2 Ben meint: „Du hast schon wieder Geld gespart."
3 versprochen, wenn ich noch eine Vier im Test bekomme."
4 Da sagt die Mutter zu Ben: „Ja, und?"

2. Ordne die Sätze. Schreibe die Zahlen in die Kästchen.
Schreibe den Witz richtig ab. Lies.

☐ ____________________

☐ ____________________

☐ ____________________

☐ ____________________

3. Kreuze an.

a) Die Mutter hat ihrem Sohn Geld versprochen.	ja ☐	nein ☐	vielleicht ☐
b) Die 20 Euro bekommt Ben, wenn er eine Vier im Test hat.	ja ☐	nein ☐	vielleicht ☐
c) Ben hat im Test eine bessere Note als eine Vier.	ja ☐	nein ☐	vielleicht ☐
d) Die Mutter hat 200 Euro gespart.	ja ☐	nein ☐	vielleicht ☐

4. Das kannst du auch noch machen:

a) Male einen Comic zum Witz. b) Spielt den Witz als Sketch. c) Lerne den Witz auswendig. Erzähle ihn.

1. Lies die Sätze.

1 Egon ruft von oben: „Der Apfel ist heruntergefallen.

2 Und da wollte ich ihn wieder aufhängen.“

3 Morgens in der Hofpause entdeckt Lehrer Apfelmus Egon:

4 „Was machst du da oben im Apfelbaum?“

Tipp: Schreibe die richtigen Zahlen vor die Zeilen.

2. Ordne die Sätze. Schreibe die Zahlen in die Kästchen.
Schreibe den Witz richtig ab. Lies.

☐ ____________________

☐ ____________________

☐ ____________________

☐ ____________________

3. Kreuze an.

a) Egon befindet sich oben in einem Apfelbaum.	ja ☐	nein ☐	vielleicht ☐
b) Es ist später Nachmittag.	ja ☐	nein ☐	vielleicht ☐
c) Egon behauptet, die Apfelsine sei heruntergefallen.	ja ☐	nein ☐	vielleicht ☐
d) Egon ist ein sehr schlechter Kletterer.	ja ☐	nein ☐	vielleicht ☐

4. Das kannst du auch noch machen:

a) Male einen Comic zum Witz. b) Spielt den Witz als Sketch. c) Lerne den Witz auswendig. Erzähle ihn.

© Verlag an der Ruhr | Autor: Bernd Wehren | ISBN 978-3-8346-2727-8 | www.verlagruhr.de

1. Lies die Sätze.

1 Robert zuckt mit den Schultern: „Das weiß ich nicht.“

2 Lehrerin Kosseck fragt einen Schüler: „Welche vier Wörter

3 Lehrerin Kosseck nickt zufrieden: „Stimmt genau!“

4 werden in der Schule am meisten verwendet?“

Tipp:
Schreibe die richtigen Zahlen vor die Zeilen.

2. Ordne die Sätze. Schreibe die Zahlen in die Kästchen.
Schreibe den Witz richtig ab. Lies.

3. Kreuze an.

a) Lehrerin Kosseck stellt Robert eine Frage.	ja ☐	nein ☐	vielleicht ☐
b) Robert zuckt mit seinen Schultern.	ja ☐	nein ☐	vielleicht ☐
c) Robert gibt die richtige Antwort auf die Frage der Lehrerin.	ja ☐	nein ☐	vielleicht ☐
d) Lehrerin Kosseck ist mit der Antwort von Robert nicht zufrieden.	ja ☐	nein ☐	vielleicht ☐

4. Das kannst du auch noch machen:

a) Male einen Comic zum Witz. b) Spielt den Witz als Sketch. c) Lerne den Witz auswendig. Erzähle ihn.

1. Lies die Sätze.

1 Es schnüffelt an der Steckdose und grunzt laut:
2 Haben sie dich doch tatsächlich eingemauert."
3 „Du bist wirklich eine arme Sau.
4 Ein Schwein kommt an einer Steckdose vorbei.

**2. Ordne die Sätze. Schreibe die Zahlen in die Kästchen.
Schreibe den Witz richtig ab. Lies.**

3. Kreuze an.

a) Ein Schwein geht an einer Stecknadel vorbei.	ja ☐	nein ☐	vielleicht ☐
b) Das Schwein riecht an einer Steckdose.	ja ☐	nein ☐	vielleicht ☐
c) Das Schwein denkt, eine andere Sau sei dort eingemauert worden.	ja ☐	nein ☐	vielleicht ☐
d) Schweine haben oft eine rosa Haut und ein Ringelschwänzchen.	ja ☐	nein ☐	vielleicht ☐

4. Das kannst du auch noch machen:

a) Male einen Comic zum Witz. b) Spielt den Witz als Sketch. c) Lerne den Witz auswendig. Erzähle ihn.

1. Lies die Sätze.

1 Da sagt das eine Schaf: „Määääh!"

2 Zwei Schafe stehen im Sommer auf einer grünen Wiese.

3 Darauf erwidert das andere Schaf:

4 „Mäh doch selber!"

Tipp:
Schreibe die richtigen Zahlen vor die Zeilen.

2. Ordne die Sätze. Schreibe die Zahlen in die Kästchen.
Schreibe den Witz richtig ab. Lies.

☐ ______________________________

☐ ______________________________

☐ ______________________________

☐ ______________________________

3. Kreuze an.

a) Zur Sommerzeit stehen zwei Schafe auf einer grünen Wiese.	ja ☐	nein ☐	vielleicht ☐
b) Schafe sind Tiere und haben vier Beine.	ja ☐	nein ☐	vielleicht ☐
c) Schafe mähen den Rasen sehr gerne.	ja ☐	nein ☐	vielleicht ☐
d) Jedes Schaf besitzt einen Rasenmäher.	ja ☐	nein ☐	vielleicht ☐

4. Das kannst du auch noch machen:

a) Male einen Comic zum Witz. b) Spielt den Witz als Sketch. c) Lerne den Witz auswendig. Erzähle ihn.

1. Lies die Sätze.

1 Sein Freund fragt ihn neugierig:
2 Er antwortet: „Ich kaufe mir einen eigenen Hund."
3 „Was machst du mit dem Geld?"
4 Ein Floh gewinnt im Lotto 1 000 Euro.

2. Ordne die Sätze. Schreibe die Zahlen in die Kästchen.
Schreibe den Witz richtig ab. Lies.

☐ ____________________

☐ ____________________

☐ ____________________

☐ ____________________

3. Kreuze an.

a) Ein Floh gewinnt im Lotto 100 Euro.	ja ☐	nein ☐	vielleicht ☐
b) Sein Freund fragt ihn, ob er das Geld mit ihm teilen möchte.	ja ☐	nein ☐	vielleicht ☐
c) Der Floh will sich seinen eigenen Hut kaufen.	ja ☐	nein ☐	vielleicht ☐
d) Flöhe leben oft im Fell von Tieren.	ja ☐	nein ☐	vielleicht ☐

4. Das kannst du auch noch machen:

a) Male einen Comic zum Witz. b) Spielt den Witz als Sketch. c) Lerne den Witz auswendig. Erzähle ihn.

1. Lies die Sätze.

1 Opa Klapperkopp sagt mit zittriger Stimme:
2 „Das glaube ich auch. Hier gibt es nur Brezeln und Brot."
3 Da sagt die Frau im weißen Kittel:
4 „Frau Doktor, ich brauche dringend eine Brille."

**2. Ordne die Sätze. Schreibe die Zahlen in die Kästchen.
Schreibe den Witz richtig ab. Lies.**

3. Kreuze an.

a) Die Frau im weißen Kittel ist eine Ärztin.	ja ☐	nein ☐	vielleicht ☐
b) Opa Klapperkopp trägt eine Brille.	ja ☐	nein ☐	vielleicht ☐
c) Die Frau trägt einen gelben Kittel.	ja ☐	nein ☐	vielleicht ☐
d) Die Frau und Opa Klapperkopp stehen in einer Bäckerei.	ja ☐	nein ☐	vielleicht ☐

4. Das kannst du auch noch machen:

a) Male einen Comic zum Witz. b) Spielt den Witz als Sketch. c) Lerne den Witz auswendig. Erzähle ihn.

© Verlag an der Ruhr | Autor: Bernd Wehren | ISBN 978-3-8346-2727-8 | www.verlagruhr.de

1. Lies die Sätze.

1 „Papi! Weißt du, wie viel Zahnpasta in einer Tube ist?“

2 Pauli kommt grinsend aus dem Badezimmer und fragt:

3 Der Vater antwortet: „Das weiß ich nicht, Pauli!“

4 Da meint Pauli: „Aber ich! Zwei Meter!“

Tipp:
Schreibe die richtigen Zahlen vor die Zeilen.

**2. Ordne die Sätze. Schreibe die Zahlen in die Kästchen.
Schreibe den Witz richtig ab. Lies.**

☐ ____________________

☐ ____________________

☐ ____________________

☐ ____________________

3. Kreuze an.

a) Pauli kommt mit einem Grinsen aus dem Wohnzimmer.	ja ☐	nein ☐	vielleicht ☐
b) Der Papa will wissen, wie viel Zahnpasta in einer Tube ist.	ja ☐	nein ☐	vielleicht ☐
c) Pauli hat eine Tube Zahnpasta im Badezimmer ausgedrückt.	ja ☐	nein ☐	vielleicht ☐
d) Der Vater lacht über den zwei Meter langen Zahnpasta-Streifen.	ja ☐	nein ☐	vielleicht ☐

4. Das kannst du auch noch machen:

a) Male einen Comic zum Witz. b) Spielt den Witz als Sketch. c) Lerne den Witz auswendig. Erzähle ihn.

1. Lies die Sätze.

1 Nils beruhigt Oma Hirtenflöter:
2 Oma Hirtenflöter sagt mit Entsetzen zu ihrem Enkel:
3 „Ja. Und dieses Paar habe ich sogar zweimal!“
4 „Du trägst ja einen roten und einen braunen Schuh!“

2. Ordne die Sätze. Schreibe die Zahlen in die Kästchen.
Schreibe den Witz richtig ab. Lies.

3. Kreuze an.

a) Der Enkel von Oma Hirtenflöter heißt Nils. ja ☐ nein ☐ vielleicht ☐
b) Der Enkel trägt einen roten und einen blauen Schuh. ja ☐ nein ☐ vielleicht ☐
c) Oma Hirtenflöter trägt ein Paar braune Schuhe. ja ☐ nein ☐ vielleicht ☐
d) Nils hat einen weiteren roten und einen weiteren braunen Schuh. ja ☐ nein ☐ vielleicht ☐

4. Das kannst du auch noch machen:

a) Male einen Comic zum Witz. b) Spielt den Witz als Sketch. c) Lerne den Witz auswendig. Erzähle ihn.

1. Lies die Sätze.

1 Mama Meisenkaiser fragt ihn: „Was ist denn passiert?“
2 Da antwortet Emil unter Tränen: „Unser Nachbar hat mit
3 Emil kommt mit seinem platten Ball heulend nach Hause.
4 seiner Fensterscheibe meinen Fußball kaputt gemacht.“

Tipp:
Schreibe die richtigen Zahlen vor die Zeilen.

2. Ordne die Sätze. Schreibe die Zahlen in die Kästchen.
Schreibe den Witz richtig ab. Lies.

☐ ______________________________

☐ ______________________________

☐ ______________________________

☐ ______________________________

3. Kreuze an.

a) Emil kommt weinend in die Schule.	ja ☐	nein ☐	vielleicht ☐
b) Emils Fußball ist geklaut worden.	ja ☐	nein ☐	vielleicht ☐
c) Emils Fußball ist aus Leder und hat die Farben schwarz und weiß.	ja ☐	nein ☐	vielleicht ☐
d) Emil hat seinen Fußball durch ein Fenster geschossen.	ja ☐	nein ☐	vielleicht ☐

4. Das kannst du auch noch machen:

a) Male einen Comic zum Witz. b) Spielt den Witz als Sketch. c) Lerne den Witz auswendig. Erzähle ihn.

1. Lies die Sätze.

1 Wenn nicht, komme ich zu spät zur Schule.“

2 Der kleine Timmi liegt in seinem Bett und wacht auf.

3 „Hoffentlich weckt mich bald jemand.

4 Plötzlich fängt er an, zu jammern:

Tipp:
Schreibe die richtigen Zahlen vor die Zeilen.

2. Ordne die Sätze. Schreibe die Zahlen in die Kästchen.
Schreibe den Witz richtig ab. Lies.

3. Kreuze an.

a) Der kleine Timmi liegt in seinem Bett und wacht auf. ja ☐ nein ☐ vielleicht ☐
b) Der kleine Timmi besucht noch den Kindergarten. ja ☐ nein ☐ vielleicht ☐
c) Der kleine Timmi ist acht Jahre alt und geht in die 2. Klasse. ja ☐ nein ☐ vielleicht ☐
d) Der kleine Timmi möchte geweckt werden, obwohl er schon wach ist. ja ☐ nein ☐ vielleicht ☐

4. Das kannst du auch noch machen:

a) Male einen Comic zum Witz. b) Spielt den Witz als Sketch. c) Lerne den Witz auswendig. Erzähle ihn.

1. Lies die Sätze.

1 Opa Piepenbrink meldet sich am Telefon: „Ja, bitte?“

2 Mein Zeigefinger ist in der Wählscheibe eingeklemmt.“

3 Der Anrufer sagt: „Hallo? Ist da die Telefonnummer 5-5-5-5?

4 Können Sie mir einen Notarzt rufen?

2. Ordne die Sätze. Schreibe die Zahlen in die Kästchen.
Schreibe den Witz richtig ab. Lies.

3. Kreuze an.

a) Opa Piepenbrink hat die Telefonnummer 555. ja ☐ nein ☐ vielleicht ☐

b) Opa Piepenbrink soll einen Notarzt anrufen. ja ☐ nein ☐ vielleicht ☐

c) Der Anrufer hat seinen Daumen in der Wählscheibe eingeklemmt. ja ☐ nein ☐ vielleicht ☐

d) Opa Piepenbrink ruft einen Notarzt an. ja ☐ nein ☐ vielleicht ☐

4. Das kannst du auch noch machen:

a) Male einen Comic zum Witz. b) Spielt den Witz als Sketch. c) Lerne den Witz auswendig. Erzähle ihn.

1. Lies die Sätze.

1 von der Anklage, das Geld gestohlen zu haben.“

2 Da meint der angeklagte Karl Knast: „Klasse!

3 Der Richter verkündet das Urteil: „Ich spreche Sie frei

4 Darf ich die 1 000 Euro dann behalten?“

Tipp:
Schreibe die richtigen Zahlen vor die Zeilen.

**2. Ordne die Sätze. Schreibe die Zahlen in die Kästchen.
Schreibe den Witz richtig ab. Lies.**

☐ ______________________________

☐ ______________________________

☐ ______________________________

☐ ______________________________

3. Kreuze an.

a) Der Angeklagte verkündet das Urteil.	ja ☐	nein ☐	vielleicht ☐
b) Karl Knast wird freigesprochen.	ja ☐	nein ☐	vielleicht ☐
c) Karl Knast hat Geld gestohlen.	ja ☐	nein ☐	vielleicht ☐
d) Der Richter angelt gerne mit seinen Freunden.	ja ☐	nein ☐	vielleicht ☐

4. Das kannst du auch noch machen:

a) Male einen Comic zum Witz. b) Spielt den Witz als Sketch. c) Lerne den Witz auswendig. Erzähle ihn.

Witze 21–40

Differenzierungsstufe „mittel" ●●○

Witz 21

1. Lies die Sätze.

Die Lehrerin lacht erklärt den Igeln Jungen:
„Ihr so werdet in einigen Jahren Männer und Väter werden."
Der Grundschüler Hase und Daniel freut sich rot darüber:
„Dann darf du ich endlich mit meiner da Eisenbahn spielen."

2. In jedem Satz sind ein, zwei oder drei falsche Wörter. Streiche durch. Schreibe den Witz richtig ab. Lies.

3. Kreuze an.

a) Die Lehrerin erklärt den Jungen etwas.	ja ☐	nein ☐	vielleicht ☐
b) Die Jungen werden in einigen Jahren Mütter sein.	ja ☐	nein ☐	vielleicht ☐
c) Ein Junge freut sich.	ja ☐	nein ☐	vielleicht ☐
d) Daniel ist im 3. Schuljahr.	ja ☐	nein ☐	vielleicht ☐

4. Das kannst du auch noch machen:

a) Male einen Comic zu dem Witz. b) Spielt den Witz als Sketch. c) Lerne den Witz auswendig. Erzähle ihn.

1. Lies die Sätze.

Die Lehrerin stellt dem Pia eine Rechenaufgabe:
„Stell dich dir vor, du findest null zehn Wale Euro.
Die Hälfte gibst er du Lea. Was hast es du dann?"
Pia Er antwortet: „Keine Eine Schraube locker der!"

**2. In jedem Satz sind ein, zwei oder drei falsche Wörter. Streiche durch.
Schreibe den Witz richtig ab. Lies.**

3. Kreuze an.

a) Eine Frau stellt einem Mädchen eine Aufgabe.	ja ☐	nein ☐	vielleicht ☐
b) Pia soll sich vorstellen, sie würde zehn Euro finden.	ja ☐	nein ☐	vielleicht ☐
c) Sie soll die Hälfte der Bonbons Lea geben.	ja ☐	nein ☐	vielleicht ☐
d) Die Lehrerin heißt mit Vornamen Luise.	ja ☐	nein ☐	vielleicht ☐

4. Das kannst du auch noch machen:

a) Male einen Comic zum Witz. b) Spielt den Witz als Sketch. c) Lerne den Witz auswendig. Erzähle ihn.

1. Lies die Sätze.

Der Opa Elke verspricht mit seinem Enkelkind Hugo:
„Für jede Eins im Zeugnis bekommst ihr du fünf Euro Eulen."
Hugo überlegt einen kurzen der Moment und da sie sagt:
„Wie wäre was es damit: für bei jede Fünf einen Euro?"

2. In jedem Satz sind ein, zwei oder drei falsche Wörter. Streiche durch. Schreibe den Witz richtig ab. Lies.

3. Kreuze an.

a) Der Opa verspricht seinem Enkelkind Hubert etwas.	ja ☐	nein ☐	vielleicht ☐
b) Opa sagt, für jede Fünf im Zeugnis bekommt Hugo einen Euro.	ja ☐	nein ☐	vielleicht ☐
c) Hugo überlegt ungefähr 100 Sekunden.	ja ☐	nein ☐	vielleicht ☐
d) Hugo ist ein guter Schwimmer.	ja ☐	nein ☐	vielleicht ☐

4. Das kannst du auch noch machen:

a) Male einen Comic zum Witz. b) Spielt den Witz als Sketch. c) Lerne den Witz auswendig. Erzähle ihn.

1. Lies die Sätze.

Vater fragt die Uwe: „Wo ist dein Zeugnis nicht?“
Darauf antwortet seinem Sohn Ute Uwe fröhlich:
„Das Zeugnis werde habe ich dumm Kevin geliehen.
Kevin will seiner Mama nie einen Schreck einjagen.“

2. In jedem Satz sind ein, zwei oder drei falsche Wörter. Streiche durch. Schreibe den Witz richtig ab. Lies.

3. Kreuze an.

a) Der Vater will wissen, wo das Zeugnis von Udo ist. ja ☐ nein ☐ vielleicht ☐
b) Der Sohn antwortet seinem Papa mit guter Laune. ja ☐ nein ☐ vielleicht ☐
c) Uwe hat das Zeugnis Kevin geschenkt. ja ☐ nein ☐ vielleicht ☐
d) Kevin spielt gern Fußball und Schach. ja ☐ nein ☐ vielleicht ☐

4. Das kannst du auch noch machen:

a) Male einen Comic zum Witz. b) Spielt den Witz als Sketch. c) Lerne den Witz auswendig. Erzähle ihn.

Witz 25

1. Lies die Sätze.

Im Sachunterricht fragt Lehrer Kornknacker die das Kinder:
„Warum und wer enthält die Milch der Kühe auch Fett?"
Luka hebt schnell seinen Zeigefinger und tanzt antwortet:
„Sonst würden die Euter der Milch sauer Kühe quietschen."

2. In jedem Satz sind ein, zwei oder drei falsche Wörter. Streiche durch. Schreibe den Witz richtig ab. Lies.

3. Kreuze an.

a) Lehrer Kornknacker unterrichtet neben Sachunterricht auch Sport.	ja ☐	nein ☐	vielleicht ☐
b) In der Kuhmilch ist Fett.	ja ☐	nein ☐	vielleicht ☐
c) Bevor Luka sich meldet, überlegt er lange.	ja ☐	nein ☐	vielleicht ☐
d) Die meisten Kühe haben zwei oder drei Euter.	ja ☐	nein ☐	vielleicht ☐

4. Das kannst du auch noch machen:

a) Male einen Comic zum Witz. b) Spielt den Witz als Sketch. c) Lerne den Witz auswendig. Erzähle ihn.

1. Lies die Sätze.

Ball Fräulein Ballermann fragt ihren Hund Schüler ja Ken:
„Du hast die gleichen Fehler in im Diktat wie dein Tischnachbar.
Kannst ich du mir weil das Buch erklären?“
Ken fragt sagt: „Wir sind haben dieselbe Lehrerin!“

2. In jedem Satz sind ein, zwei oder drei falsche Wörter. Streiche durch. Schreibe den Witz richtig ab. Lies.

3. Kreuze an.

a) Fräulein Ballermann ist Lehrerin.	ja ☐	nein ☐	vielleicht ☐
b) Der Tischnachbar von Ken hat im Diktat Fehler.	ja ☐	nein ☐	vielleicht ☐
c) Die Mitschüler von Ken haben alle weniger Fehler als er selbst.	ja ☐	nein ☐	vielleicht ☐
d) Das Diktat haben die Schüler bei einem Lehrer geschrieben.	ja ☐	nein ☐	vielleicht ☐

4. Das kannst du auch noch machen:

a) Male einen Comic zum Witz. b) Spielt den Witz als Sketch. c) Lerne den Witz auswendig. Erzähle ihn.

Witz 27

1. Lies die Sätze.

Die Lehrerin beginnt beendet eine kurz und Prügelei:
„Ich will kämpfen Tom wissen, wer damit angefangen hat!"
Marc erklärt wie dem der wütenden Lehrer Lehrerin:
„Alex hat angefangen, Saft zu trinken zurückzuschlagen."

2. In jedem Satz sind ein, zwei oder drei falsche Wörter. Streiche durch. Schreibe den Witz richtig ab. Lies.

3. Kreuze an.

a) Marco und Alex prügeln sich.	ja ☐	nein ☐	vielleicht ☐
b) Die Lehrerin isst gern Schoko-Pudding mit Vanille-Soße.	ja ☐	nein ☐	vielleicht ☐
c) Die Lehrerin tobt vor Wut.	ja ☐	nein ☐	vielleicht ☐
d) Marc hat mit dem Hauen und Schlagen angefangen.	ja ☐	nein ☐	vielleicht ☐

4. Das kannst du auch noch machen:

a) Male einen Comic zum Witz. b) Spielt den Witz als Sketch. c) Lerne den Witz auswendig. Erzähle ihn.

1. Lies die Sätze.

Jan rennt heulend in an die Klasse und du sagt dem Lehrer:
„Ich werde hatte einen schrecklichen Hunger Albtraum."
Herr Locker fragt: „Von wo was hast du das denn geträumt?"
Jan Lehrer ruft locker laut: „Von Dinosauriern Ihnen!"

2. In jedem Satz sind ein, zwei oder drei falsche Wörter. Streiche durch. Schreibe den Witz richtig ab. Lies.

3. Kreuze an.

a) Ein Schüler von Lehrer Locker flitzt in die Klasse und weint.	ja ☐	nein ☐	vielleicht ☐
b) Jan erzählt, dass er schlecht geträumt hat.	ja ☐	nein ☐	vielleicht ☐
c) Jan sitzt an einem Gruppentisch mit drei weiteren Jungen.	ja ☐	nein ☐	vielleicht ☐
d) Jan hat von seinem Lehrer geträumt.	ja ☐	nein ☐	vielleicht ☐

4. Das kannst du auch noch machen:

a) Male einen Comic zum Witz. b) Spielt den Witz als Sketch. c) Lerne den Witz auswendig. Erzähle ihn.

1. Lies die Sätze.

Stefanie fragt nach Lehrer singen leise Magerquark:
„Was rechnen soll dies unter meinem Aufsatz Bett heißen?“
Lehrer Magerquark Dach liest nicht Regen vor:
„Du sollst Witze Liebesbriefe deutlicher lesen schreiben.“

2. In jedem Satz sind ein, zwei oder drei falsche Wörter. Streiche durch. Schreibe den Witz richtig ab. Lies.

3. Kreuze an.

a) Lehrer Magerquark hat einen Aufsatz geschrieben.	ja ☐	nein ☐	vielleicht ☐
b) Stefanie hat etwas unter den Aufsatz vom Lehrer geschrieben.	ja ☐	nein ☐	vielleicht ☐
c) Lehrer Magerquark ist begeisterter Briefmarken-Sammler.	ja ☐	nein ☐	vielleicht ☐
d) Lehrer Magerquark hat eine sehr deutliche Schrift.	ja ☐	nein ☐	vielleicht ☐

4. Das kannst du auch noch machen:

a) Male einen Comic zum Witz. b) Spielt den Witz als Sketch. c) Lerne den Witz auswendig. Erzähle ihn.

1. Lies die Sätze.

Nils lacht stürzt in die Klasse und erklärt mit dem Lehrer:
„Ich du bin auf dem Schulweg beschenkt bestohlen worden."
Der Lehrer fragt: „Was hat man es dir denn vier geklaut?"
Nils und Ei meint: „Zum Glück nur ab die Hausaufgaben!"

2. In jedem Satz sind ein, zwei oder drei falsche Wörter. Streiche durch. Schreibe den Witz richtig ab. Lies.

3. Kreuze an.

a) Nils hat auf dem Weg zur Schule jemanden bestohlen.	ja ☐	nein ☐	vielleicht ☐
b) Nils hat zum Glück seine Hausaufgaben dabei.	ja ☐	nein ☐	vielleicht ☐
c) Nils steht vor dem Pult des Lehrers.	ja ☐	nein ☐	vielleicht ☐
d) Der Lehrer hat einen grünen Schlafanzug an.	ja ☐	nein ☐	vielleicht ☐

4. Das kannst du auch noch machen:

a) Male einen Comic zum Witz. b) Spielt den Witz als Sketch. c) Lerne den Witz auswendig. Erzähle ihn.

1. Lies die Sätze.

Die Enkeltochter Doris fragt gestern ihre rote Oma:
„Wie alt bist du hat dir und Opa das Ballett gefallen?"
Oma meint: „Toll! Und als ein Hund Opa eingeschlafen war,
haben wir sie sogar unter auf Zehenspitzen weitergetanzt!"

2. In jedem Satz sind ein, zwei oder drei falsche Wörter. Streiche durch. Schreibe den Witz richtig ab. Lies.

3. Kreuze an.

a) Die Enkeltochter heißt Doris Donnerschlag. ja ☐ nein ☐ vielleicht ☐
b) Die Großmutter heißt Maria und der Großvater heißt Josef. ja ☐ nein ☐ vielleicht ☐
c) Oma und Opa haben sich ein Ballett-Theaterstück angeschaut. ja ☐ nein ☐ vielleicht ☐
d) Opa hat vom Ballett nicht alles gesehen. ja ☐ nein ☐ vielleicht ☐

4. Das kannst du auch noch machen:

a) Male einen Comic zum Witz. b) Spielt den Witz als Sketch. c) Lerne den Witz auswendig. Erzähle ihn.

© Verlag an der Ruhr | Autor: Bernd Wehren | ISBN 978-3-8346-2727-8 | www.verlagruhr.de

1. Lies die Sätze.

Der Zoodirektor fragt seine Katze seinen kleinen Sohn:
„Nenne dir mir drei Früchte Tiere, die im in Afrika leben.“
Marcel überlegt kurz Ohren und schwimmt sagt dann:
„Ein Buch Löwe und sechs zwei Lampen Elefanten.“

2. In jedem Satz sind ein, zwei oder drei falsche Wörter. Streiche durch. Schreibe den Witz richtig ab. Lies.

3. Kreuze an.

a) Der Vater von Marcel ist Zoodirektor.	ja ☐	nein ☐	vielleicht ☐
b) Marcel soll drei Tiere nennen, die in Amerika leben.	ja ☐	nein ☐	vielleicht ☐
c) Marcel nennt Elefanten und Möwen.	ja ☐	nein ☐	vielleicht ☐
d) Der Vater von Marcel trägt einen braunen Tropenhelm.	ja ☐	nein ☐	vielleicht ☐

4. Das kannst du auch noch machen:

a) Male einen Comic zum Witz. b) Spielt den Witz als Sketch. c) Lerne den Witz auswendig. Erzähle ihn.

1. Lies die Sätze.

Zwei Regenwurm-Frauen treffen sich um im Buch Beet.
Da ist fragt Roswitha Regenwurm den Regen die andere:
„Wo fliegt ist dein Regenschirm liebe Ehemann?"
Resi Regenwurm schluchzt: „Rudi ist ein beim da Angeln."

2. In jedem Satz sind ein, zwei oder drei falsche Wörter. Streiche durch. Schreibe den Witz richtig ab. Lies.

3. Kreuze an.

a) Resi und Roswitha Regenwurm treffen sich im Bett.	ja ☐	nein ☐	vielleicht ☐
b) Der Mann von Resi Regenwurm heißt Rudi.	ja ☐	nein ☐	vielleicht ☐
c) Der Mann von Roswitha Regenwurm heißt Ralf.	ja ☐	nein ☐	vielleicht ☐
d) Rudi Regenwurm hängt am Haken einer Angel.	ja ☐	nein ☐	vielleicht ☐

4. Das kannst du auch noch machen:

a) Male einen Comic zum Witz. b) Spielt den Witz als Sketch. c) Lerne den Witz auswendig. Erzähle ihn.

1. Lies die Sätze.

Der Regenwurm fragt den Maulwurf seine Freundin:
„Willst du dich mich nicht fressen heiraten?"
Seine Freundin ist begeistert zögert. Da fragt sagt er:
„Wenn so du mich nicht heiratest, werfe ich mich vor ein Huhn."

2. In jedem Satz sind ein, zwei oder drei falsche Wörter. Streiche durch. Schreibe den Witz richtig ab. Lies.

3. Kreuze an.

a) Der Regenwurm stellt seiner Freundin eine Frage.	ja ☐	nein ☐	vielleicht ☐
b) Der Regenwurm möchte, dass seine Freundin seine Frau wird.	ja ☐	nein ☐	vielleicht ☐
c) Der Regenwurm wird sich vor ein Huhn werfen.	ja ☐	nein ☐	vielleicht ☐
d) Seine Freundin wird ihn heiraten.	ja ☐	nein ☐	vielleicht ☐

4. Das kannst du auch noch machen:

a) Male einen Comic zum Witz. b) Spielt den Witz als Sketch. c) Lerne den Witz auswendig. Erzähle ihn.

1. Lies die Sätze.

Der Vater liest hat seiner Tochter aus dem der Zeitung vor:
„Einer zu von 1000 Menschen ist über drei zwei Meter groß."
Da fügt Fluss Ute sein Schule hinzu:
„Und den kenne ich. Der Frau sitzt immer im Kino vor mir!"

2. In jedem Satz sind ein, zwei oder drei falsche Wörter. Streiche durch. Schreibe den Witz richtig ab. Lies.

3. Kreuze an.

a) Die Tochter des Vaters, der etwas vorliest, heißt Ute.	ja ☐	nein ☐	vielleicht ☐
b) Der Vater heißt mit Vornamen Rolf-Rüdiger.	ja ☐	nein ☐	vielleicht ☐
c) In der Zeitung steht, dass viele Menschen größer als 2 Meter sind.	ja ☐	nein ☐	vielleicht ☐
d) Die Tochter war noch nie im Kino.	ja ☐	nein ☐	vielleicht ☐

4. Das kannst du auch noch machen:

a) Male einen Comic zum Witz. b) Spielt den Witz als Sketch. c) Lerne den Witz auswendig. Erzähle ihn.

1. Lies die Sätze.

Um Mitternacht klettert ein Einbrecher durch es ein Fenster.
Der Hausbesitzer Gerd Goldfuß schläft laut ein wacht auf.
Der Einbrecher flüstert: „Pssst! Ich träume suche nur Geld."
Goldfuß flüstert zurück: „Prima Idee! Ich ist suche mit."

2. In jedem Satz sind ein, zwei oder drei falsche Wörter. Streiche durch. Schreibe den Witz richtig ab. Lies.

3. Kreuze an.

a) Ein Einbrecher klettert um die Mittagszeit durch ein Fenster.	ja ☐	nein ☐	vielleicht ☐
b) Gerd Goldfuß wird durch den Einbrecher nicht wach.	ja ☐	nein ☐	vielleicht ☐
c) Der Einbrecher ist auf der Suche nach Gold.	ja ☐	nein ☐	vielleicht ☐
d) Gerd Goldfuß hat große Angst vor dem Einbrecher.	ja ☐	nein ☐	vielleicht ☐

4. Das kannst du auch noch machen:

a) Male einen Comic zum Witz. b) Spielt den Witz als Sketch. c) Lerne den Witz auswendig. Erzähle ihn.

1. Lies die Sätze.

Der Tierhändler will mir Frau Hasenfuß eine Katze verkaufen:
„Diese Maus Katze kann fliegen ihren eigenen Namen sagen!“
Frau Hasenfuß weint fragt: „Wie heißt der Hase sie denn?“
Der Esel Tierhändler springt und sagt: „Miau!“

2. In jedem Satz sind ein, zwei oder drei falsche Wörter. Streiche durch. Schreibe den Witz richtig ab. Lies.

3. Kreuze an.

a) Der Tierhändler will einer Kundin eine Katze verkaufen.	ja ☐	nein ☐	vielleicht ☐
b) Der Tierhändler behauptet, die Katze könne ihren Namen sagen.	ja ☐	nein ☐	vielleicht ☐
c) Frau Hasenfuß will wissen, wie die Katze heißt.	ja ☐	nein ☐	vielleicht ☐
d) Frau Hasenfuß kauft die Katze.	ja ☐	nein ☐	vielleicht ☐

4. Das kannst du auch noch machen:

a) Male einen Comic zum Witz. b) Spielt den Witz als Sketch. c) Lerne den Witz auswendig. Erzähle ihn.

1. Lies die Sätze.

Durch die Wüste Australiens hüpft ein Ball Känguru.
Da steckt ein Pinguin seinen Kopf ins aus dem Tor Beutel.
Er ist vor Freude Übelkeit grün im Gesicht und meckert:
„Dieser blöde Ball im Tor Schüleraustausch!“

2. In jedem Satz sind ein, zwei oder drei falsche Wörter. Streiche durch. Schreibe den Witz richtig ab. Lies.

3. Kreuze an.

a) Ein Känguru hüpft durch die Wüste von Australien.	ja ☐	nein ☐	vielleicht ☐
b) Ein Pinguin steckt seinen Kopf aus dem Beutel des Kängurus.	ja ☐	nein ☐	vielleicht ☐
c) Dem Pinguin ist wegen der ständigen Hüpferei schlecht geworden.	ja ☐	nein ☐	vielleicht ☐
d) Das Känguru-Kind ist bei der Pinguin-Familie.	ja ☐	nein ☐	vielleicht ☐

4. Das kannst du auch noch machen:

a) Male einen Comic zum Witz. b) Spielt den Witz als Sketch. c) Lerne den Witz auswendig. Erzähle ihn.

1. Lies die Sätze.

Der Schäfer wird von einem Schaf seinem Freund gefragt:
„Wie viele Finger Schafe hast du eigentlich?"
Der Schäfer fragt verwundert antwortet: „Keine Ahnung!
Immer wenn ich sie zähle, wache schlafe ich auf dabei ein."

2. In jedem Satz sind ein, zwei oder drei falsche Wörter. Streiche durch. Schreibe den Witz richtig ab. Lies.

3. Kreuze an.

a) Der Schäfer heißt mit Nachnamen Schäfer.	ja ☐	nein ☐	vielleicht ☐
b) Der Freund heißt mit Vornamen Stephanie.	ja ☐	nein ☐	vielleicht ☐
c) Der Schäfer kennt die Anzahl seiner Schafe genau.	ja ☐	nein ☐	vielleicht ☐
d) Der Freund ist einhundertneunundachtzig Jahre alt.	ja ☐	nein ☐	vielleicht ☐

4. Das kannst du auch noch machen:

a) Male einen Comic zum Witz. b) Spielt den Witz als Sketch. c) Lerne den Witz auswendig. Erzähle ihn.

1. Lies die Sätze.

Ein Lastwagen schwimmt fährt auf eine da Unterführung zu.
Der Bus Beifahrer sagt: „Auf dir dem Schild steht 3 Meter.
Aber unser Dreirad Lastwagen hat eine Höhe von 3,20 m."
Da meint der Fahrer: „Egal! Oder siehst du ihn die Polizei?"

2. In jedem Satz sind ein, zwei oder drei falsche Wörter. Streiche durch. Schreibe den Witz richtig ab. Lies.

3. Kreuze an.

a) Ein blauer Lastwagen fährt auf eine Unterführung zu. ja ☐ nein ☐ vielleicht ☐
b) Der Lastwagen ist 3,20 m zu hoch für die Unterführung. ja ☐ nein ☐ vielleicht ☐
c) In dem Lastwagen sitzen mindestens zwei Personen. ja ☐ nein ☐ vielleicht ☐
d) Der Lastwagen kann problemlos unter der Unterführung durchfahren. ja ☐ nein ☐ vielleicht ☐

4. Das kannst du auch noch machen:

a) Male einen Comic zum Witz. b) Spielt den Witz als Sketch. c) Lerne den Witz auswendig. Erzähle ihn.

Witze 41–60

Differenzierungsstufe „schwer" ●●●

1. Lies die Sätze.

beschwert Am Greta bei Morgen sich Lehrerin: ihrer

gerecht. „Das wirklich nicht ist

Papa Tag Mein Hausaufgaben. macht meine jeden

schlechten dafür.“ Noten Aber kriege ich die

Tipp:
Schreibe Zahlen
über die Wörter.

2. Ordne die Wörter in jedem Satz. Schreibe den Witz richtig ab. Lies.

3. Kreuze an.

a) Greta beschwert sich morgens bei ihrem Lehrer.	ja ☐	nein ☐	vielleicht ☐
b) Das Mädchen findet etwas nicht gerecht.	ja ☐	nein ☐	vielleicht ☐
c) Der Vater macht die Hausaufgaben von Greta.	ja ☐	nein ☐	vielleicht ☐
d) Die Tochter bekommt dafür die schlechten Noten.	ja ☐	nein ☐	vielleicht ☐

4. Das kannst du auch noch machen:

a) Male einen Comic zum Witz. b) Spielt den Witz als Sketch. c) Lerne den Witz auswendig. Erzähle ihn.

1. Lies die Sätze.

Lehrer Zoobesuch: fragt Schüler seine nach Der dem

„Wie Zoo der euch zum gefallen?“ Ausflug hat

im laut Alle Chor: Schüler rufen

„Gut! alle Denn laufen dort herum.“ Schimpfwörter

2. Ordne die Wörter in jedem Satz. Schreibe den Witz richtig ab. Lies.

3. Kreuze an.

a) Eine Eintrittskarte für den Zoo kostet 6 Euro.	ja ☐	nein ☐	vielleicht ☐
b) Der Lehrer fragt, wie den Schülern der Ausflug gefallen hat.	ja ☐	nein ☐	vielleicht ☐
c) Einige wenige Schüler rufen die Antwort laut im Chor.	ja ☐	nein ☐	vielleicht ☐
d) Im Zoo gibt es Gummibären und Lakritzschnecken.	ja ☐	nein ☐	vielleicht ☐

4. Das kannst du auch noch machen:

a) Male einen Comic zum Witz. b) Spielt den Witz als Sketch. c) Lerne den Witz auswendig. Erzähle ihn.

 ISBN 978-3-8346-2727-8 | www.verlagruhr.de

1. Lies die Sätze.

Auf bewerfen Schnee. Schulhof Kinder dem sich mit

Fröhn mit Klasse Frau der schimpft 2a:

nicht „Ihr zurückwerfen, sollt holen.“ mich sondern

Kinder 2a der fragen: Die „Treffen besser?“ Sie denn

2. Ordne die Wörter in jedem Satz. Schreibe den Witz richtig ab. Lies.

3. Kreuze an.

a) Auf dem Schulhof bewerfen sich die Lehrer mit Schneebällen.	ja ☐	nein ☐	vielleicht ☐
b) Lehrerin Fröhn meckert mit der Klasse 3a.	ja ☐	nein ☐	vielleicht ☐
c) Auf dem Schulhof stehen große und kleine Schneemänner.	ja ☐	nein ☐	vielleicht ☐
d) Die Schüler fragen Frau Fröhn, ob sie besser treffen würde.	ja ☐	nein ☐	vielleicht ☐

4. Das kannst du auch noch machen:

a) Male einen Comic zum Witz. b) Spielt den Witz als Sketch. c) Lerne den Witz auswendig. Erzähle ihn.

Witz 44

1. Lies die Sätze.

erkundigt bei sich Enkeltochter ihrer Oma Die Lisa:

in gefällt dir „Wie Schule?“ es der

meint: Lisa „Gut, die aber Lehrer nicht wissen viel.

uns Sie eine Frage nach anderen.“ der stellen

2. Ordne die Wörter in jedem Satz. Schreibe den Witz richtig ab. Lies.

3. Kreuze an.

a) Lisa ist drei Jahre alt.	ja ☐	nein ☐	vielleicht ☐
b) Oma möchte wissen, ob es Lisa in der Schule gefällt.	ja ☐	nein ☐	vielleicht ☐
c) Nach Lisas Meinung sind alle Lehrer sehr klug.	ja ☐	nein ☐	vielleicht ☐
d) Die Lehrer stellen viele Fragen.	ja ☐	nein ☐	vielleicht ☐

4. Das kannst du auch noch machen:

a) Male einen Comic zum Witz. b) Spielt den Witz als Sketch. c) Lerne den Witz auswendig. Erzähle ihn.

Witz 45

1. Lies die Sätze.

Max Schule Hause und schnell der rennt von nach ruft:

Schule, „Es etwas gibt in was der niemand mir." außer kann

der und Die Vater Mutter fragen: denn, „Was Max?"

„Meine Max eigene antwortet: lesen!" Handschrift

2. Ordne die Wörter in jedem Satz. Schreibe den Witz richtig ab. Lies.

3. Kreuze an.

a) Max schlendert von der Schule gemütlich nach Hause. ja ☐ nein ☐ vielleicht ☐

b) Max trägt einen roten Pullover und eine blaue Hose. ja ☐ nein ☐ vielleicht ☐

c) Beide Eltern sind zu Hause. ja ☐ nein ☐ vielleicht ☐

d) Max hat eine sehr schöne Schrift. ja ☐ nein ☐ vielleicht ☐

4. Das kannst du auch noch machen:

a) Male einen Comic zum Witz. b) Spielt den Witz als Sketch. c) Lerne den Witz auswendig. Erzähle ihn.

1. Lies die Sätze.

Lehrer: aus Kälte sich und zieht „Wärme dehnt zusammen. sich ein mir Beispiel Wer kann geben?"

Katja: „Die Wochen. Ferien Sommer dauern im sechs Ferien Und zwei im die Winter nur dauern Wochen."

2. Ordne die Wörter in jedem Satz. Schreibe den Witz richtig ab. Lies.

3. Kreuze an.

a) Katja schnippst mit den Fingern, während sie sich meldet.	ja ☐	nein ☐	vielleicht ☐
b) Die Schüler haben gerade Ferien.	ja ☐	nein ☐	vielleicht ☐
c) Sechs Wochen dauern die Winterferien.	ja ☐	nein ☐	vielleicht ☐
d) Die Sommerferien dauern zwei Wochen.	ja ☐	nein ☐	vielleicht ☐

4. Das kannst du auch noch machen:

a) Male einen Comic zum Witz. b) Spielt den Witz als Sketch. c) Lerne den Witz auswendig. Erzähle ihn.

1. Lies die Sätze.

seinen fragt Andreas Mathe-Lehrer:

in ich „Warum bekommen?“ habe Mathe Sechs eine

ihm Der antwortet Lehrer Stimme: ruhiger mit

es „Weil gibt!“ Zehn keine

2. Ordne die Wörter in jedem Satz. Schreibe den Witz richtig ab. Lies.

3. Kreuze an.

a) Andreas fragt seinen Sportlehrer, warum er eine Sechs bekommen hat. ja ☐ nein ☐ vielleicht ☐
b) Andreas ist ein guter Rechner. ja ☐ nein ☐ vielleicht ☐
c) Andreas ist ein guter Sportler. ja ☐ nein ☐ vielleicht ☐
d) Der Lehrer ist ein guter Rechner. ja ☐ nein ☐ vielleicht ☐

4. Das kannst du auch noch machen:

a) Male einen Comic zum Witz. b) Spielt den Witz als Sketch. c) Lerne den Witz auswendig. Erzähle ihn.

1. Lies die Sätze.

Heiligenschein ihre Lehrerin Schüler: fragt netten

der den „Wie man Schutzpatron nennt Glöckner?"

meldet pfiffige sich und Da die Maria sagt:

klar: doch Bimbam!" „Ist Heiliger

2. Ordne die Wörter in jedem Satz. Schreibe den Witz richtig ab. Lies.

3. Kreuze an.

a) Die Schüler der Lehrerin Heiligenschein sind freundlich.	ja ☐	nein ☐	vielleicht ☐
b) Ein Glöckner kümmert sich um die Glocken in einer Kirche.	ja ☐	nein ☐	vielleicht ☐
c) Die Schülerin Maria hat ein weißes Fahrrad.	ja ☐	nein ☐	vielleicht ☐
d) Lehrerin Heiligenschein singt in einem Kirchenchor mit.	ja ☐	nein ☐	vielleicht ☐

4. Das kannst du auch noch machen:

a) Male einen Comic zum Witz. b) Spielt den Witz als Sketch. c) Lerne den Witz auswendig. Erzähle ihn.

1. Lies die Sätze.

mit Lehrer schimpft Fred: Der „Du zu bist wieder spät!“

von Fred: habe geträumt.“ „Ich Fußballspiel einem

zu „Deshalb Lehrerin: du kommst spät?“

gab Es Verlängerung.“ „Ja. Fred:

2. Ordne die Wörter in jedem Satz. Schreibe den Witz richtig ab. Lies.

3. Kreuze an.

a) Die Lehrerin meckert mit Fred.	ja ☐	nein ☐	vielleicht ☐
b) Fred kommt unpünktlich zum Unterricht.	ja ☐	nein ☐	vielleicht ☐
c) Der Lehrer hat von einem Fußballspiel geträumt.	ja ☐	nein ☐	vielleicht ☐
d) Das Fußballspiel dauerte die normale Spielzeit von 90 Minuten.	ja ☐	nein ☐	vielleicht ☐

4. Das kannst du auch noch machen:

a) Male einen Comic zum Witz. b) Spielt den Witz als Sketch. c) Lerne den Witz auswendig. Erzähle ihn.

Witz 50

1. Lies die Sätze.

die Lehrer Der Hausaufgaben: diktiert

der Aufgaben alle macht Seiten 29, 30 und 31.“ „Ihr

Tischnachbarin Susi flüstert Da ihrer ins etwas Ohr:

armer „Mein Vater!“

2. Ordne die Wörter in jedem Satz. Schreibe den Witz richtig ab. Lies.

3. Kreuze an.

a) Die Sonne geht in diesem Moment auf. ja ☐ nein ☐ vielleicht ☐

b) Die Schüler sollen die Aufgaben 29, 30 und 31 zu Hause machen. ja ☐ nein ☐ vielleicht ☐

c) Die Tischnachbarin flüstert Susi etwas ins Ohr. ja ☐ nein ☐ vielleicht ☐

d) Susis Vater macht ihre Hausaufgaben. ja ☐ nein ☐ vielleicht ☐

4. Das kannst du auch noch machen:

a) Male einen Comic zum Witz. b) Spielt den Witz als Sketch. c) Lerne den Witz auswendig. Erzähle ihn.

1. Lies die Sätze.

Der rennt seiner kleine weinend zu Paul Mutter:

hat „Papa Hammer seinen auf den sich Daumen geschlagen."

meint: Mama brauchst „Deshalb doch du zu nicht weinen."

ich habe „Zuerst auch ja gelacht."

2. Ordne die Wörter in jedem Satz. Schreibe den Witz richtig ab. Lies.

3. Kreuze an.

a) Paul läuft heulend zu seiner Mutter. ja ☐ nein ☐ vielleicht ☐
b) Der Vater hat sich den Hammer auf seinen Zeigefinger geschlagen. ja ☐ nein ☐ vielleicht ☐
c) Mit einem Hammer kann man Nägel in die Wand schlagen. ja ☐ nein ☐ vielleicht ☐
d) Paul hat gelacht, weil sein Vater einen Witz erzählt hat. ja ☐ nein ☐ vielleicht ☐

4. Das kannst du auch noch machen:

a) Male einen Comic zum Witz. b) Spielt den Witz als Sketch. c) Lerne den Witz auswendig. Erzähle ihn.

1. Lies die Sätze.

Eine an kratzt ihrem sich Känguru-Mama Beutel.

Sie Kind mit im schimpft ihrem Beutel:

so „Ich oft es habe schon dir gesagt:

Bett sollst keinen Du im Zwieback essen!“

2. Ordne die Wörter in jedem Satz. Schreibe den Witz richtig ab. Lies.

3. Kreuze an.

a) Die Känguru-Mutter kratzt sich an ihrem Kopf.	ja ☐	nein ☐	vielleicht ☐
b) Die Känguru-Mutter meckert mit ihrem Kind im Beutel.	ja ☐	nein ☐	vielleicht ☐
c) Der Känguru-Vater hüpft um die Mutter herum.	ja ☐	nein ☐	vielleicht ☐
d) Der Känguru-Vater soll keinen Zwieback im Bett essen.	ja ☐	nein ☐	vielleicht ☐

4. Das kannst du auch noch machen:

a) Male einen Comic zum Witz. b) Spielt den Witz als Sketch. c) Lerne den Witz auswendig. Erzähle ihn.

Witz 53

1. Lies die Sätze.

zu Graf Zahnarzt geht Dracula Zuckerwürfel.

sich den in Er braunen setzt Behandlungsstuhl.

Zuckerwürfel Zahnarzt fragt: ich „Soll bohren?“

entgegnet Graf Dracula: nur Da bitte „Nein, anspitzen!“

2. Ordne die Wörter in jedem Satz. Schreibe den Witz richtig ab. Lies.

3. Kreuze an.

a) Graf Dracula will sich die Zähne beim Zahnarzt anspitzen lassen.	ja ☐	nein ☐	vielleicht ☐
b) Der Behandlungsstuhl ist nicht bequem.	ja ☐	nein ☐	vielleicht ☐
c) Zahnarzt Zuckerwürfel ist ein Fan von gruseligen Filmen.	ja ☐	nein ☐	vielleicht ☐
d) Zahnarzt Zuckerwürfel hat einen braunen Behandlungsstuhl.	ja ☐	nein ☐	vielleicht ☐

4. Das kannst du auch noch machen:

a) Male einen Comic zum Witz. b) Spielt den Witz als Sketch. c) Lerne den Witz auswendig. Erzähle ihn.

1. Lies die Sätze.

Schneckenfamilie und Eine Papa sitzt Straßenrand am sagt:

„Sollen Straße über wir die jetzt kriechen? ist Sie frei.“

die sagt Da Schnecken-Mama: du „Bist verrückt?

der Stunden vier In kommt Bus!“

2. Ordne die Wörter in jedem Satz. Schreibe den Witz richtig ab. Lies.

3. Kreuze an.

a) Eine Schneckenfamilie sitzt mitten auf der Straße.	ja ☐	nein ☐	vielleicht ☐
b) Sie wollen die Straße überqueren.	ja ☐	nein ☐	vielleicht ☐
c) Die Mama hat Angst, weil viele Autos die Straße befahren.	ja ☐	nein ☐	vielleicht ☐
d) Der Bus kommt in vier Stunden.	ja ☐	nein ☐	vielleicht ☐

4. Das kannst du auch noch machen:

a) Male einen Comic zum Witz. b) Spielt den Witz als Sketch. c) Lerne den Witz auswendig. Erzähle ihn.

© Verlag an der Ruhr | Autor: Bernd Wehren | ISBN 978-3-8346-2727-8 | www.verlagruhr.de

1. Lies die Sätze.

Max will Der nicht kleine Bett ins gehen.

Da seinen Papa fragt Sprössling:

ein ich Gute-Nacht-Lied dir „Soll vorsingen?

gehst Oder nun und du ins freiwillig Bett schläfst?“

2. Ordne die Wörter in jedem Satz. Schreibe den Witz richtig ab. Lies.

3. Kreuze an.

a) Der kleine Max will noch wach bleiben. ja ☐ nein ☐ vielleicht ☐

b) Der Vater hat eine schöne Stimme und kann toll singen. ja ☐ nein ☐ vielleicht ☐

c) Der kleine Max muss am nächsten Tag in die Grundschule. ja ☐ nein ☐ vielleicht ☐

d) Max hat eine schöne Stimme und kann toll singen. ja ☐ nein ☐ vielleicht ☐

4. Das kannst du auch noch machen:

a) Male einen Comic zum Witz. b) Spielt den Witz als Sketch. c) Lerne den Witz auswendig. Erzähle ihn.

1. Lies die Sätze.

Birnenpflücker sitzt und Herr einem in Restaurant ruft:

Ober, vier in „Herr meiner schwimmen Suppe Fliegen!“

ist Ober entzückt und Der meint:

„Ach, Eine niedlich! wie Schwimm-Staffel!“

Tipp:
Schreibe Zahlen über die Wörter.

2. Ordne die Wörter in jedem Satz. Schreibe den Witz richtig ab. Lies.

3. Kreuze an.

a) In dem Restaurant sitzt Herr Apfelpflücker. ja ☐ nein ☐ vielleicht ☐
b) In der Suppe von Herrn Birnenpflücker schwimmen vier Fliegen. ja ☐ nein ☐ vielleicht ☐
c) Der Ober meint, dass die vier Fliegen das Tauchen üben. ja ☐ nein ☐ vielleicht ☐
d) Die vier Fliegen schwimmen in einer Tomatensuppe. ja ☐ nein ☐ vielleicht ☐

4. Das kannst du auch noch machen:

a) Male einen Comic zum Witz. b) Spielt den Witz als Sketch. c) Lerne den Witz auswendig. Erzähle ihn.

1. Lies die Sätze.

Herr seinem erzählt Freund Clever freudestrahlend:

habe „Gestern Deutsche Bahn die ich veräppelt.“

Freund Der fragt: „Wie das denn du hast gemacht?“

„Ich ein mir Ticket Fuß und gekauft habe zu bin gegangen.“

2. Ordne die Wörter in jedem Satz. Schreibe den Witz richtig ab. Lies.

3. Kreuze an.

a) Herr Clever wollte die Deutsche Bahn veräppeln.	ja ☐	nein ☐	vielleicht ☐
b) Herr Clever hat sich eine Fahrkarte gekauft und ist dann nicht gefahren.	ja ☐	nein ☐	vielleicht ☐
c) Sein Freund ist Schaffner.	ja ☐	nein ☐	vielleicht ☐
d) Die Fahrkarte für die Zugfahrt hat zehn Euro gekostet.	ja ☐	nein ☐	vielleicht ☐

4. Das kannst du auch noch machen:

a) Male einen Comic zum Witz. b) Spielt den Witz als Sketch. c) Lerne den Witz auswendig. Erzähle ihn.

1. Lies die Sätze.

fordert den Der Dieb Richter sein auf, zu Schweigen brechen:

„Sagen Ihres Sie den mir Namen sofort Komplizen!“

erwidert dem Leo der Da angeklagte Langfinger Richter:

ich Vaters „Niemals werde Namen den meines Ihnen sagen!“

2. Ordne die Wörter in jedem Satz. Schreibe den Witz richtig ab. Lies.

3. Kreuze an.

a) Leo Langfinger hat etwas gestohlen.	ja ☐	nein ☐	vielleicht ☐
b) Leo Langfinger steht vor Gericht.	ja ☐	nein ☐	vielleicht ☐
c) Sein Komplize heißt mit Nachnamen Langfinger.	ja ☐	nein ☐	vielleicht ☐
d) Sein Komplize heißt mit Vornamen Lars.	ja ☐	nein ☐	vielleicht ☐

4. Das kannst du auch noch machen:

a) Male einen Comic zum Witz. b) Spielt den Witz als Sketch. c) Lerne den Witz auswendig. Erzähle ihn.

1. Lies die Sätze.

Auf schüttelt Wiese Kuh einer Elsa hin Euter und ihr her.

Da fragt Kuh die ihre Karla Freundin: „Was du machst da?“

Kuh antwortet Elsa:

„Ich Geburtstag mal und die morgen mache habe schon Sahne.“

Tipp:
Schreibe Zahlen über die Wörter.

2. Ordne die Wörter in jedem Satz. Schreibe den Witz richtig ab. Lies.

3. Kreuze an.

a) Auf einer Wiese schüttelt die Kuh Karla ihr Euter hin und her. ja ☐ nein ☐ vielleicht ☐
b) Die Kuh Elsa hat morgen Geburtstag. ja ☐ nein ☐ vielleicht ☐
c) Die Kuh Elsa wird sieben Jahre alt. ja ☐ nein ☐ vielleicht ☐
d) Die Sahne für den Geburtstag macht die Kuh Elsa. ja ☐ nein ☐ vielleicht ☐

4. Das kannst du auch noch machen:

a) Male einen Comic zum Witz. b) Spielt den Witz als Sketch. c) Lerne den Witz auswendig. Erzähle ihn.

1. Lies die Sätze.

flitzt Karlchen aufgeregt seiner die in zu Küche Mama:

„Mama, die ich Versehen Leiter aus habe umgestoßen!“

„Dann Papa, damit hol Leiter er wieder die aufstellt.“

„Papa nicht! kann hängt Der der an Dachrinne!“

2. Ordne die Wörter in jedem Satz. Schreibe den Witz richtig ab. Lies.

3. Kreuze an.

a) Karlchen rennt aufgeregt in die Küche zu seiner Mutter. ja ☐ nein ☐ vielleicht ☐

b) Karlchen hat die Leiter am Apfelbaum aus Versehen umgestoßen. ja ☐ nein ☐ vielleicht ☐

c) Der Papa stellt die Leiter wieder auf. ja ☐ nein ☐ vielleicht ☐

d) Der Opa hängt an der Dachrinne. ja ☐ nein ☐ vielleicht ☐

4. Das kannst du auch noch machen:

a) Male einen Comic zum Witz. b) Spielt den Witz als Sketch. c) Lerne den Witz auswendig. Erzähle ihn.

Lösungen

Lösung | Witz 1

1. **Lies die Sätze.**

1 „Wohl nicht, denn ich muss morgen wieder hin."
2 „Hat in der Schule alles gut geklappt?"
3 Der kleine Julian antwortet traurig:
4 Die Mutter fragt Julian nach dem ersten Schultag:

Tipp: Schreibe die richtigen Zahlen vor die Zeilen.

2. **Ordne die Sätze. Schreibe die Zahlen in die Kästchen. Schreibe den Witz richtig ab. Lies.**

4 Die Mutter fragt Julian nach dem ersten Schultag:
2 „Hat in der Schule alles gut geklappt?"
3 Der kleine Julian antwortet traurig:
1 „Wohl nicht, denn ich muss morgen wieder hin."

3. **Kreuze an.**

	ja	nein	vielleicht
a) Nach dem ersten Schultag fragt die Mutter ihre Tochter etwas.	☐	☒	☐
b) Julian hält den Schulranzen in seinen Händen.	☐	☐	☒
c) Juliane antwortet traurig.	☐	☒	☐
d) Der Sohn muss am nächsten Tag wieder zur Schule.	☒	☐	☐

4. **Das kannst du auch noch machen:**
a) Male einen Comic zum Witz. b) Spielt den Witz als Sketch. c) Lerne den Witz auswendig. Erzähle ihn.

Lösung | Witz 2

1. **Lies die Sätze.**

1 Jan antwortet seinem Vater: „Eine sehr gute Idee!
2 „Jan, für das schlechte Zeugnis gibt es Hausarrest!"
3 Ich weiß, wo meine Lehrerin wohnt!"
4 Herr Weizenkeim tobt und brüllt vor Wut:

Tipp: Schreibe die richtigen Zahlen vor die Zeilen.

2. **Ordne die Sätze. Schreibe die Zahlen in die Kästchen. Schreibe den Witz richtig ab. Lies.**

4 Herr Weizenkeim tobt und brüllt vor Wut:
2 „Jan, für das schlechte Zeugnis gibt es Hausarrest!"
1 Jan antwortet seinem Vater: „Eine sehr gute Idee!
3 Ich weiß, wo meine Lehrerin wohnt!"

3. **Kreuze an.**

	ja	nein	vielleicht
a) Der Sohn von Herrn Weizenkeim ist sehr wütend.	☐	☒	☐
b) Jan hat auf seinem Zeugnis nur gute Noten.	☐	☒	☐
c) Jan muss wegen der Zeugnisnoten den Rasen mähen.	☐	☒	☐
d) Die Lehrerin von Jan wohnt in der „Nordstraße".	☐	☐	☒

4. **Das kannst du auch noch machen:**
a) Male einen Comic zum Witz. b) Spielt den Witz als Sketch. c) Lerne den Witz auswendig. Erzähle ihn.

Lösung Witz 3

Tipp: Schreibe die richtigen Zahlen vor die Zeilen.

1. Lies die Sätze.

1 „Habe ich wirklich die Masern?“ Der Arzt nickt.
2 Der Sohn des Arztes fragt seinen Vater am Abend:
3 wenn ich zur Schule gehe und dort viele Kinder anstecke?“
4 Darauf der Sohn: „Was kriege ich von dir,

2. Ordne die Sätze. Schreibe die Zahlen in die Kästchen. Schreibe den Witz richtig ab. Lies.

2	Der Sohn des Arztes fragt seinen Vater am Abend:
1	„Habe ich wirklich die Masern?“ Der Arzt nickt.
4	Darauf der Sohn: „Was kriege ich von dir,
3	wenn ich zur Schule gehe und dort viele Kinder anstecke?“

3. Kreuze an.

	ja	nein	vielleicht
a) Der Vater ist Tierarzt.	☐	☒	☐
b) Der Junge will wissen, ob er die Röteln hat.	☐	☒	☐
c) Der Junge will zur Schule gehen und viele Kinder anstecken.	☒	☐	☐
d) Der Sohn kriegt zur Belohnung viele Süßigkeiten.	☐	☒	☐

4. Das kannst du auch noch machen:
a) Male einen Comic zum Witz. b) Spielt den Witz als Sketch. c) Lerne den Witz auswendig. Erzähle ihn.

© Verlag an der Ruhr | Autor: Bernd Wehren | ISBN 978-3-8346-2727-8 | www.verlagruhr.de

Lösung Witz 4

Tipp: Schreibe die richtigen Zahlen vor die Zeilen.

1. Lies die Sätze.

1 Papa: „Und was lernt ihr morgen in der Schule?“
2 Ben antwortet: „In welcher Schule?“
3 Sohn Ben sagt: „Wir haben Dynamit hergestellt.“
4 Papa fragt: „Was habt ihr in der Schule gelernt?“

2. Ordne die Sätze. Schreibe die Zahlen in die Kästchen. Schreibe den Witz richtig ab. Lies.

4	Papa fragt: „Was habt ihr in der Schule gelernt?“
3	Sohn Ben sagt: „Wir haben Dynamit hergestellt.“
1	Papa: „Und was lernt ihr morgen in der Schule?“
2	Ben antwortet: „In welcher Schule?“

3. Kreuze an.

	ja	nein	vielleicht
a) Der Papa fragt Ben, was sie in der Schule gelernt haben.	☒	☐	☐
b) In der Schule haben die Schüler Sprengstoff hergestellt.	☒	☐	☐
c) Der Vater von Ben ist Direktor einer Grundschule.	☐	☐	☒
d) Der Sohn geht am nächsten Tag wieder in seine Schule.	☐	☒	☐

4. Das kannst du auch noch machen:
a) Male einen Comic zum Witz. b) Spielt den Witz als Sketch. c) Lerne den Witz auswendig. Erzähle ihn.

© Verlag an der Ruhr | Autor: Bernd Wehren | ISBN 978-3-8346-2727-8 | www.verlagruhr.de

© Verlag an der Ruhr | Autor: Bernd Wehren | ISBN 978-3-8346-2727-8 | www.verlagruhr.de

Lösung Witz 5

Tipp: Schreibe die richtigen Zahlen vor die Zeilen.

1. Lies die Sätze.

1 Charlotte meint: „Ist doch klar: Wald!“
2 Die Deutsch-Lehrerin Frau Flötenaugust hat eine Frage:
3 Wie heißt also die Mehrzahl von Baum?“
4 „Charlotte, die Mehrzahl von Maus heißt Mäuse.

2. Ordne die Sätze. Schreibe die Zahlen in die Kästchen. Schreibe den Witz richtig ab. Lies.

2 Die Deutsch-Lehrerin Frau Flötenaugust hat eine Frage:
4 „Charlotte, die Mehrzahl von Maus heißt Mäuse.
3 Wie heißt also die Mehrzahl von Baum?“
1 Charlotte meint: „Ist doch klar: Wald!“

3. Kreuze an.

	ja	nein	vielleicht
a) Der Name der Lehrerin ist ein Instrument und ein Monatsname.	☒	☐	☐
b) Frau Flötenaugust ist sehr beliebt bei den Schülern.	☐	☐	☒
c) Charlotte hat heute Geburtstag.	☐	☐	☒
d) Die Mehrzahl von Baum heißt Bäume.	☒	☐	☐

4. Das kannst du auch noch machen:

a) Male einen Comic zum Witz. b) Spielt den Witz als Sketch. c) Lerne den Witz auswendig. Erzähle ihn.

Lösung Witz 6

Tipp: Schreibe die richtigen Zahlen vor die Zeilen.

1. Lies die Sätze.

1 Julia sagt: „Das nützt nichts. Er macht sie auch nicht.“
2 Der Lehrer meint: „Dann muss ich mit dem Papa reden.“
3 „Hast du die Hausaufgaben gemacht?“ Julia verneint.
4 Zu Beginn des Unterrichts fragt der Klassenlehrer Julia:

2. Ordne die Sätze. Schreibe die Zahlen in die Kästchen. Schreibe den Witz richtig ab. Lies.

4 Zu Beginn des Unterrichts fragt der Klassenlehrer Julia:
3 „Hast du die Hausaufgaben gemacht?“ Julia verneint.
2 Der Lehrer meint: „Dann muss ich mit dem Papa reden.“
1 Julia sagt: „Das nützt nichts. Er macht sie auch nicht.“

3. Kreuze an.

	ja	nein	vielleicht
a) Der Klassenlehrer fragt Julia am Ende des Unterrichts etwas.	☐	☒	☐
b) Julia hat die Hausaufgaben nicht gemacht.	☒	☐	☐
c) Der Lehrer will mit Julias Vater sprechen.	☒	☐	☐
d) Der Vater von Julia ist sehr streng.	☐	☐	☒

4. Das kannst du auch noch machen:

a) Male einen Comic zum Witz. b) Spielt den Witz als Sketch. c) Lerne den Witz auswendig. Erzähle ihn.

Lösung Witz 7

1. **Lies die Sätze.**

   1 Deine Hausaufgaben sind schon wieder richtig."
   2 Lehrer Sockenschuss lobt Kai: „Toll!
   3 seitdem Mama Papa bei meinen Hausaufgaben hilft."
   4 Da sagt Kai mit einem breiten Grinsen: „Das klappt,

Tipp: Schreibe die richtigen Zahlen vor die Zeilen.

2. **Ordne die Sätze. Schreibe die Zahlen in die Kästchen. Schreibe den Witz richtig ab. Lies.**

   2 Lehrer Sockenschuss lobt Kai: „Toll!
   1 Deine Hausaufgaben sind schon wieder richtig."
   4 Da sagt Kai mit einem breiten Grinsen: „Das klappt,
   3 seitdem Mama Papa bei meinen Hausaufgaben hilft."

3. **Kreuze an.**

	ja	nein	vielleicht
a) Die Hausaufgaben von Lehrer Sockenschuss sind wieder richtig.	☐	☒	☐
b) Kai ist ein Schüler von Lehrer Sockenschuss.	☒	☐	☐
c) Die Mutter hilft dem Vater bei den Hausaufgaben von Kai.	☒	☐	☐
d) Kai hat ein rotes Hausaufgaben-Heft.	☐	☐	☒

4. **Das kannst du auch noch machen:**
   a) Male einen Comic zum Witz. b) Spielt den Witz als Sketch. c) Lerne den Witz auswendig. Erzähle ihn.

20 Lachen und Lernen – Deutschunterricht mit Witzen

© Verlag an der Ruhr | Autor: Bernd Wehren | ISBN 978-3-8346-2727-8 | www.verlagruhr.de

Lösung Witz 8

1. **Lies die Sätze.**

   1 Ben: „Mami, gute Neuigkeiten. Du hast mir doch 20 Euro
   2 Ben meint: „Du hast schon wieder Geld gespart."
   3 versprochen, wenn ich noch eine Vier im Test bekomme."
   4 Da sagt die Mutter zu Ben: „Ja, und?"

Tipp: Schreibe die richtigen Zahlen vor die Zeilen.

2. **Ordne die Sätze. Schreibe die Zahlen in die Kästchen. Schreibe den Witz richtig ab. Lies.**

   1 Ben: „Mami, gute Neuigkeiten. Du hast mir doch 20 Euro
   3 versprochen, wenn ich noch eine Vier im Test bekomme."
   4 Da sagt die Mutter zu Ben: „Ja, und?"
   2 Ben meint: „Du hast schon wieder Geld gespart."

3. **Kreuze an.**

	ja	nein	vielleicht
a) Die Mutter hat ihrem Sohn Geld versprochen.	☒	☐	☐
b) Die 20 Euro bekommt Ben, wenn er eine Vier im Test hat.	☒	☐	☐
c) Ben hat im Test eine bessere Note als eine Vier.	☐	☒	☐
d) Die Mutter hat 200 Euro gespart.	☐	☒	☐

4. **Das kannst du auch noch machen:**
   a) Male einen Comic zum Witz. b) Spielt den Witz als Sketch. c) Lerne den Witz auswendig. Erzähle ihn.

© Verlag an der Ruhr | Autor: Bernd Wehren | ISBN 978-3-8346-2727-8 | www.verlagruhr.de

Lachen und Lernen – Deutschunterricht mit Witzen 21

Lösung | **Witz 9**

Tipp: Schreibe die richtigen Zahlen vor die Zeilen.

1. Lies die Sätze.

1 Egon ruft von oben: „Der Apfel ist heruntergefallen.
2 Und da wollte ich ihn wieder aufhängen."
3 Morgens in der Hofpause entdeckt Lehrer Apfelmus Egon:
4 „Was machst du da oben im Apfelbaum?"

2. Ordne die Sätze. Schreibe die Zahlen in die Kästchen. Schreibe den Witz richtig ab. Lies.

3 Morgens in der Hofpause entdeckt Lehrer Apfelmus Egon:
4 „Was machst du da oben im Apfelbaum?"
1 Egon ruft von oben: „Der Apfel ist heruntergefallen.
2 Und da wollte ich ihn wieder aufhängen."

3. Kreuze an.

	ja	nein	vielleicht
a) Egon befindet sich oben in einem Apfelbaum.	☒	☐	☐
b) Es ist später Nachmittag.	☐	☒	☐
c) Egon behauptet, die Apfelsine sei heruntergefallen.	☐	☒	☐
d) Egon ist ein sehr schlechter Kletterer.	☐	☒	☐

4. Das kannst du auch noch machen:

a) Male einen Comic zum Witz. b) Spielt den Witz als Sketch. c) Lerne den Witz auswendig. Erzähle ihn.

Lösung | **Witz 10**

Tipp: Schreibe die richtigen Zahlen vor die Zeilen.

1. Lies die Sätze.

1 Robert zuckt mit den Schultern: „Das weiß ich nicht."
2 Lehrerin Kosseck fragt einen Schüler: „Welche vier Wörter
3 Lehrerin Kosseck nickt zufrieden: „Stimmt genau!"
4 werden in der Schule am meisten verwendet?"

2. Ordne die Sätze. Schreibe die Zahlen in die Kästchen. Schreibe den Witz richtig ab. Lies.

2 Lehrerin Kosseck fragt einen Schüler: „Welche vier Wörter
4 werden in der Schule am meisten verwendet?"
1 Robert zuckt mit den Schultern: „Das weiß ich nicht."
3 Lehrerin Kosseck nickt zufrieden: „Stimmt genau!"

3. Kreuze an.

	ja	nein	vielleicht
a) Lehrerin Kosseck stellt Robert eine Frage.	☒	☐	☐
b) Robert zuckt mit seinen Schultern.	☒	☐	☐
c) Robert gibt die richtige Antwort auf die Frage der Lehrerin.	☒	☐	☐
d) Lehrerin Kosseck ist mit der Antwort von Robert nicht zufrieden.	☐	☒	☐

4. Das kannst du auch noch machen:

a) Male einen Comic zum Witz. b) Spielt den Witz als Sketch. c) Lerne den Witz auswendig. Erzähle ihn.

Lösung | *Witz 11*

Tipp: Schreibe die richtigen Zahlen vor die Zeilen.

1. Lies die Sätze.

1 Es schnüffelt an der Steckdose und grunzt laut:
2 Haben sie dich doch tatsächlich eingemauert."
3 „Du bist wirklich eine arme Sau.
4 Ein Schwein kommt an einer Steckdose vorbei.

2. Ordne die Sätze. Schreibe die Zahlen in die Kästchen. Schreibe den Witz richtig ab. Lies.

4 Ein Schwein kommt an einer Steckdose vorbei.
1 Es schnüffelt an der Steckdose und grunzt laut:
3 „Du bist wirklich eine arme Sau.
2 Haben sie dich doch tatsächlich eingemauert."

3. Kreuze an.

	ja	nein	vielleicht
a) Ein Schwein geht an einer Stecknadel vorbei.	☐	☒	☐
b) Das Schwein riecht an einer Steckdose.	☒	☐	☐
c) Das Schwein denkt, eine andere Sau sei dort eingemauert worden.	☒	☐	☐
d) Schweine haben oft eine rosa Haut und ein Ringelschwänzchen.	☒	☐	☐

4 Das kannst du auch noch machen:
a) Male einen Comic zum Witz. b) Spielt den Witz als Sketch. c) Lerne den Witz auswendig. Erzähle ihn.

Lösung | *Witz 12*

Tipp: Schreibe die richtigen Zahlen vor die Zeilen.

1. Lies die Sätze.

1 Da sagt das eine Schaf: „Määääh!"
2 Zwei Schafe stehen im Sommer auf einer grünen Wiese.
3 Darauf erwidert das andere Schaf:
4 „Mäh doch selber!"

2. Ordne die Sätze. Schreibe die Zahlen in die Kästchen. Schreibe den Witz richtig ab. Lies.

2 Zwei Schafe stehen im Sommer auf einer grünen Wiese.
1 Da sagt das eine Schaf: „Määääh!"
3 Darauf erwidert das andere Schaf:
4 „Mäh doch selber!"

3. Kreuze an.

	ja	nein	vielleicht
a) Zur Sommerzeit stehen zwei Schafe auf einer grünen Wiese.	☒	☐	☐
b) Schafe sind Tiere und haben vier Beine.	☒	☐	☐
c) Schafe mähen den Rasen sehr gerne.	☐	☒	☐
d) Jedes Schaf besitzt einen Rasenmäher.	☐	☒	☐

4. Das kannst du auch noch machen:
a) Male einen Comic zum Witz. b) Spielt den Witz als Sketch. c) Lerne den Witz auswendig. Erzähle ihn.

Lösung Witz 13

1. Lies die Sätze.

1 Sein Freund fragt ihn neugierig:
2 Er antwortet: „Ich kaufe mir einen eigenen Hund.“
3 „Was machst du mit dem Geld?“
4 Ein Floh gewinnt im Lotto 1 000 Euro.

2. Ordne die Sätze. Schreibe die Zahlen in die Kästchen. Schreibe den Witz richtig ab. Lies.

4 Ein Floh gewinnt im Lotto 1000 Euro.
1 Sein Freund fragt ihn neugierig:
3 „Was machst du mit dem Geld?“
2 Er antwortet: „Ich kaufe mir einen eigenen Hund.“

3. Kreuze an.

	ja	nein	vielleicht
a) Ein Floh gewinnt im Lotto 100 Euro.	☐	☒	☐
b) Sein Freund fragt ihn, ob er das Geld mit ihm teilen möchte.	☐	☒	☐
c) Der Floh will sich seinen eigenen Hut kaufen.	☐	☒	☐
d) Flöhe leben oft im Fell von Tieren.	☒	☐	☐

4. Das kannst du auch noch machen:
a) Male einen Comic zum Witz. b) Spielt den Witz als Sketch. c) Lerne den Witz auswendig. Erzähle ihn.

Lösung Witz 14

1. Lies die Sätze.

1 Opa Klapperkopp sagt mit zittriger Stimme:
2 „Das glaube ich auch. Hier gibt es nur Brezeln und Brot.“
3 Da sagt die Frau im weißen Kittel:
4 „Frau Doktor, ich brauche dringend eine Brille.“

2. Ordne die Sätze. Schreibe die Zahlen in die Kästchen. Schreibe den Witz richtig ab. Lies.

1 Opa Klapperkopp sagt mit zittriger Stimme:
4 „Frau Doktor, ich brauche dringend eine Brille.“
3 Da sagt die Frau im weißen Kittel:
2 „Das glaube ich auch. Hier gibt es nur Brezeln und Brot.“

3. Kreuze an.

	ja	nein	vielleicht
a) Die Frau im weißen Kittel ist eine Ärztin.	☐	☒	☐
b) Opa Klapperkopp trägt eine Brille.	☐	☒	☐
c) Die Frau trägt einen gelben Kittel.	☐	☒	☐
d) Die Frau und Opa Klapperkopp stehen in einer Bäckerei.	☒	☐	☐

4. Das kannst du auch noch machen:
a) Male einen Comic zum Witz. b) Spielt den Witz als Sketch. c) Lerne den Witz auswendig. Erzähle ihn.

Lösung Witz 15

Tipp:
Schreibe die richtigen Zahlen vor die Zeilen.

1. Lies die Sätze.

1 „Papi! Weißt du, wie viel Zahnpasta in einer Tube ist?"
2 Pauli kommt grinsend aus dem Badezimmer und fragt:
3 Der Vater antwortet: „Das weiß ich nicht, Pauli!"
4 Da meint Pauli: „Aber ich! Zwei Meter!"

2. Ordne die Sätze. Schreibe die Zahlen in die Kästchen. Schreibe den Witz richtig ab. Lies.

2 Pauli kommt grinsend aus dem Badezimmer und fragt:
1 „Papi! Weißt du, wie viel Zahnpasta in einer Tube ist?"
3 Der Vater antwortet: „Das weiß ich nicht, Pauli!"
4 Da meint Pauli: „Aber ich! Zwei Meter!"

3. Kreuze an.

	ja	nein	vielleicht
a) Pauli kommt mit einem Grinsen aus dem Wohnzimmer.	☐	☒	☐
b) Der Papa will wissen, wie viel Zahnpasta in einer Tube ist.	☐	☒	☐
c) Pauli hat eine Tube Zahnpasta im Badezimmer ausgedrückt.	☒	☐	☐
d) Der Vater lacht über den zwei Meter langen Zahnpasta-Streifen.	☐	☐	☒

4. Das kannst du auch noch machen:
a) Male einen Comic zum Witz. b) Spielt den Witz als Sketch. c) Lerne den Witz auswendig. Erzähle ihn.

Lösung Witz 16

Tipp:
Schreibe die richtigen Zahlen vor die Zeilen.

1. Lies die Sätze.

1 Nils beruhigt Oma Hirtenflöter:
2 Oma Hirtenflöter sagt mit Entsetzen zu ihrem Enkel:
3 „Ja. Und dieses Paar habe ich sogar zweimal!"
4 „Du trägst ja einen roten und einen braunen Schuh!"

2. Ordne die Sätze. Schreibe die Zahlen in die Kästchen. Schreibe den Witz richtig ab. Lies.

2 Oma Hirtenflöter sagt mit Entsetzen zu ihrem Enkel:
4 „Du trägst ja einen roten und einen braunen Schuh!"
1 Nils beruhigt Oma Hirtenflöter:
3 „Ja. Und dieses Paar habe ich sogar zweimal!"

3. Kreuze an.

	ja	nein	vielleicht
a) Der Enkel von Oma Hirtenflöter heißt Nils.	☒	☐	☐
b) Der Enkel trägt einen roten und einen blauen Schuh.	☐	☒	☐
c) Oma Hirtenflöter trägt ein Paar braune Schuhe.	☐	☐	☒
d) Nils hat einen weiteren roten und einen weiteren braunen Schuh.	☒	☐	☐

4. Das kannst du auch noch machen:
a) Male einen Comic zum Witz. b) Spielt den Witz als Sketch. c) Lerne den Witz auswendig. Erzähle ihn.

Lösung Witz 17

Tipp: Schreibe die richtigen Zahlen vor die Zeilen.

1. Lies die Sätze.

1 Mama Meisenkaiser fragt ihn: „Was ist denn passiert?“
2 Da antwortet Emil unter Tränen: „Unser Nachbar hat mit
3 Emil kommt mit seinem platten Ball heulend nach Hause.
4 seiner Fensterscheibe meinen Fußball kaputt gemacht.“

2. Ordne die Sätze. Schreibe die Zahlen in die Kästchen. Schreibe den Witz richtig ab. Lies.

[3] Emil kommt mit seinem platten Ball heulend nach Hause.
[1] Mama Meisenkaiser fragt ihn: „Was ist denn passiert?“
[2] Da antwortet Emil unter Tränen: „Unser Nachbar hat mit
[4] seiner Fensterscheibe meinen Fußball kaputt gemacht.“

3. Kreuze an.

	ja	nein	vielleicht
a) Emil kommt weinend in die Schule.	☐	☒	☐
b) Emils Fußball ist geklaut worden.	☐	☒	☐
c) Emils Fußball ist aus Leder und hat die Farben schwarz und weiß.	☐	☐	☒
d) Emil hat seinen Fußball durch ein Fenster geschossen.	☒	☐	☐

4. Das kannst du auch noch machen:
a) Male einen Comic zum Witz. b) Spielt den Witz als Sketch. c) Lerne den Witz auswendig. Erzähle ihn.

© Verlag an der Ruhr | Autor: Bernd Wehren | ISBN 978-3-8346-2727-8 | www.verlagruhr.de

Lösung Witz 18

Tipp: Schreibe die richtigen Zahlen vor die Zeilen.

1. Lies die Sätze.

1 Wenn nicht, komme ich zu spät zur Schule.“
2 Der kleine Timmi liegt in seinem Bett und wacht auf.
3 „Hoffentlich weckt mich bald jemand.
4 Plötzlich fängt er an, zu jammern:

2. Ordne die Sätze. Schreibe die Zahlen in die Kästchen. Schreibe den Witz richtig ab. Lies.

[2] Der kleine Timmi liegt in seinem Bett und wacht auf.
[4] Plötzlich fängt er an, zu jammern:
[3] „Hoffentlich weckt mich bald jemand.
[1] Wenn nicht, komme ich zu spät zur Schule.“

3. Kreuze an.

	ja	nein	vielleicht
a) Der kleine Timmi liegt in seinem Bett und wacht auf.	☒	☐	☐
b) Der kleine Timmi besucht noch den Kindergarten.	☐	☒	☐
c) Der kleine Timmi ist acht Jahre alt und geht in die 2. Klasse.	☐	☐	☒
d) Der kleine Timmi möchte geweckt werden, obwohl er schon wach ist.	☒	☐	☐

4. Das kannst du auch noch machen:
a) Male einen Comic zum Witz. b) Spielt den Witz als Sketch. c) Lerne den Witz auswendig. Erzähle ihn.

© Verlag an der Ruhr | Autor: Bernd Wehren | ISBN 978-3-8346-2727-8 | www.verlagruhr.de

© Verlag an der Ruhr | Autor: Bernd Wehren | ISBN 978-3-8346-2727-8 | www.verlagruhr.de

Lösung *Witz 19*

Tipp:
Schreibe die richtigen Zahlen vor die Zeilen.

1. Lies die Sätze.

1 Opa Piepenbrink meldet sich am Telefon: „Ja, bitte?“
2 Mein Zeigefinger ist in der Wählscheibe eingeklemmt.“
3 Der Anrufer sagt: „Hallo? Ist da die Telefonnummer 5-5-5-5?
4 Können Sie mir einen Notarzt rufen?

**2. Ordne die Sätze. Schreibe die Zahlen in die Kästchen.
Schreibe den Witz richtig ab. Lies.**

1 Opa Piepenbrink meldet sich am Telefon: „Ja, bitte?“
3 Der Anrufer sagt: „Hallo? Ist da die Telefonnummer 5-5-5-5?
4 Können Sie mir einen Notarzt rufen?
2 Mein Zeigefinger ist in der Wählscheibe eingeklemmt.“

3. Kreuze an.

a) Opa Piepenbrink hat die Telefonnummer 555.	ja ☐	nein ☒	vielleicht ☐
b) Opa Piepenbrink soll einen Notarzt anrufen.	ja ☒	nein ☐	vielleicht ☐
c) Der Anrufer hat seinen Daumen in der Wählscheibe eingeklemmt.	ja ☐	nein ☒	vielleicht ☐
d) Opa Piepenbrink ruft einen Notarzt an.	ja ☐	nein ☐	vielleicht ☒

4. Das kannst du auch noch machen:
a) Male einen Comic zum Witz. b) Spielt den Witz als Sketch. c) Lerne den Witz auswendig. Erzähle ihn.

Lösung *Witz 20*

Tipp:
Schreibe die richtigen Zahlen vor die Zeilen.

1. Lies die Sätze.

1 von der Anklage, das Geld gestohlen zu haben.“
2 Da meint der angeklagte Karl Knast: „Klasse!
3 Der Richter verkündet das Urteil: „Ich spreche Sie frei
4 Darf ich die 1 000 Euro dann behalten?“

**2 Ordne die Sätze. Schreibe die Zahlen in die Kästchen.
Schreibe den Witz richtig ab. Lies.**

3 Der Richter verkündet das Urteil: „Ich spreche Sie frei
1 von der Anklage, das Geld gestohlen zu haben.“
2 Da meint der angeklagte Karl Knast: „Klasse!
4 Darf ich die 1000 Euro dann behalten?“

3. Kreuze an.

a) Der Angeklagte verkündet das Urteil.	ja ☐	nein ☒	vielleicht ☐
b) Karl Knast wird freigesprochen.	ja ☒	nein ☐	vielleicht ☐
c) Karl Knast hat Geld gestohlen.	ja ☒	nein ☐	vielleicht ☐
d) Der Richter angelt gerne mit seinen Freunden.	ja ☐	nein ☐	vielleicht ☒

4. Das kannst du auch noch machen:
a) Male einen Comic zum Witz. b) Spielt den Witz als Sketch. c) Lerne den Witz auswendig. Erzähle ihn.

Lösung *Witz 21*

1. Lies die Sätze.

Die Lehrerin ~~lacht~~ erklärt den ~~Igeln~~ Jungen:
„Ihr ~~so~~ werdet in einigen Jahren Männer und Väter werden."
Der Grundschüler ~~Hase und~~ Daniel freut sich ~~rot~~ darüber:
„Dann darf ~~du~~ ich endlich mit meiner ~~da~~ Eisenbahn spielen."

2. In jedem Satz sind ein, zwei oder drei falsche Wörter. Streiche durch. Schreibe den Witz richtig ab. Lies.

Die Lehrerin erklärt den Jungen:
„Ihr werdet in einigen Jahren Männer und Väter werden."
Der Grundschüler Daniel freut sich darüber:
„Dann darf ich endlich mit meiner Eisenbahn spielen."

3. Kreuze an.

a) Die Lehrerin erklärt den Jungen etwas.	ja ☒	nein ☐	vielleicht ☐
b) Die Jungen werden in einigen Jahren Mütter sein.	ja ☐	nein ☒	vielleicht ☐
c) Ein Junge freut sich.	ja ☒	nein ☐	vielleicht ☐
d) Daniel ist im 3. Schuljahr.	ja ☐	nein ☐	vielleicht ☒

4. Das kannst du auch noch machen:
a) Male einen Comic zu dem Witz. b) Spielt den Witz als Sketch. c) Lerne den Witz auswendig. Erzähle ihn.

Lösung *Witz 22*

1. Lies die Sätze.

Die Lehrerin stellt ~~dem~~ Pia eine Rechenaufgabe:
„Stell ~~dich~~ dir vor, du findest ~~null~~ zehn ~~Wale~~ Euro.
Die Hälfte gibst ~~er~~ du Lea. Was hast ~~es~~ du dann?"
Pia ~~Er~~ antwortet: „~~Keine~~ Eine Schraube locker ~~der~~!"

2. In jedem Satz sind ein, zwei oder drei falsche Wörter. Streiche durch. Schreibe den Witz richtig ab. Lies.

Die Lehrerin stellt Pia eine Rechenaufgabe:
„Stell dir vor, du findest zehn Euro.
Die Hälfte gibst du Lea. Was hast du dann?"
Pia antwortet: „Eine Schraube locker!"

3. Kreuze an.

a) Eine Frau stellt einem Mädchen eine Aufgabe.	ja ☒	nein ☐	vielleicht ☐
b) Pia soll sich vorstellen, sie würde zehn Euro finden.	ja ☒	nein ☐	vielleicht ☐
c) Sie soll die Hälfte der Bonbons Lea geben.	ja ☐	nein ☒	vielleicht ☐
d) Die Lehrerin heißt mit Vornamen Luise.	ja ☐	nein ☐	vielleicht ☒

4. Das kannst du auch noch machen:
a) Male einen Comic zum Witz. b) Spielt den Witz als Sketch. c) Lerne den Witz auswendig. Erzähle ihn.

Lösung | **Witz 23**

1. Lies die Sätze.

Der Opa ~~Elke~~ verspricht ~~mit~~ seinem Enkelkind Hugo:
„Für jede Eins im Zeugnis bekommst ~~ihr~~ du fünf Euro ~~Eulen~~."
Hugo überlegt einen kurzen ~~der~~ Moment und ~~da sie~~ sagt:
„Wie wäre ~~was~~ es damit: für ~~bei~~ jede Fünf einen Euro?"

2. In jedem Satz sind ein, zwei oder drei falsche Wörter. Streiche durch. Schreibe den Witz richtig ab. Lies.

Der Opa verspricht seinem Enkelkind Hugo:
„Für jede Eins im Zeugnis bekommst du fünf Euro."
Hugo überlegt einen kurzen Moment und sagt:
„Wie wäre es damit: für jede Fünf einen Euro?"

3. Kreuze an.

	ja	nein	vielleicht
a) Der Opa verspricht seinem Enkelkind Hubert etwas.	☐	☒	☐
b) Opa sagt, für jede Fünf im Zeugnis bekommt Hugo einen Euro.	☐	☒	☐
c) Hugo überlegt ungefähr 100 Sekunden.	☐	☒	☐
d) Hugo ist ein guter Schwimmer.	☐	☐	☒

4. Das kannst du auch noch machen:
a) Male einen Comic zum Witz. b) Spielt den Witz als Sketch. c) Lerne den Witz auswendig. Erzähle ihn.

© Verlag an der Ruhr | Autor: Bernd Wehren | ISBN 978-3-8346-2727-8 | www.verlagruhr.de

Lösung | **Witz 24**

1. Lies die Sätze.

Vater fragt ~~die~~ Uwe: „Wo ist dein Zeugnis ~~nicht~~?"
Darauf antwortet ~~seinem~~ Sohn ~~Ute~~ Uwe fröhlich:
„Das Zeugnis ~~werde~~ habe ich ~~dumm~~ Kevin geliehen.
Kevin will seiner Mama ~~nie~~ einen Schreck einjagen."

2. In jedem Satz sind ein, zwei oder drei falsche Wörter. Streiche durch. Schreibe den Witz richtig ab. Lies.

Vater fragt Uwe: „Wo ist dein Zeugnis?"
Darauf antwortet Sohn Uwe fröhlich:
„Das Zeugnis habe ich Kevin geliehen.
Kevin will seiner Mama einen Schreck einjagen."

3. Kreuze an.

	ja	nein	vielleicht
a) Der Vater will wissen, wo das Zeugnis von Udo ist.	☐	☒	☐
b) Der Sohn antwortet seinem Papa mit guter Laune.	☒	☐	☐
c) Uwe hat das Zeugnis Kevin geschenkt.	☐	☒	☐
d) Kevin spielt gern Fußball und Schach.	☐	☐	☒

4. Das kannst du auch noch machen:
a) Male einen Comic zum Witz. b) Spielt den Witz als Sketch. c) Lerne den Witz auswendig. Erzähle ihn.

© Verlag an der Ruhr | Autor: Bernd Wehren | ISBN 978-3-8346-2727-8 | www.verlagruhr.de

© Verlag an der Ruhr | Autor: Bernd Wehren | ISBN 978-3-8346-2727-8 | www.verlagruhr.de

Lösung *Witz 25*

1. Lies die Sätze.

Im Sachunterricht fragt Lehrer Kornknacker die ~~das~~ Kinder:
„Warum ~~und wer~~ enthält die Milch der Kühe auch Fett?“
Luka hebt schnell seinen Zeigefinger und ~~tanzt~~ antwortet:
„Sonst würden die Euter der ~~Milch sauer~~ Kühe quietschen.“

2. In jedem Satz sind ein, zwei oder drei falsche Wörter. Streiche durch. Schreibe den Witz richtig ab. Lies.

Im Sachunterricht fragt Lehrer Kornknacker die Kinder:
„Warum enthält die Milch der Kühe auch Fett?“
Luka hebt schnell seinen Zeigefinger und antwortet:
„Sonst würden die Euter der Kühe quietschen.“

3. Kreuze an.

a) Lehrer Kornknacker unterrichtet neben Sachunterricht auch Sport.	ja ☐	nein ☐	vielleicht ☒
b) In der Kuhmilch ist Fett.	ja ☒	nein ☐	vielleicht ☐
c) Bevor Luka sich meldet, überlegt er lange.	ja ☐	nein ☒	vielleicht ☐
d) Die meisten Kühe haben zwei oder drei Euter.	ja ☐	nein ☒	vielleicht ☐

4. Das kannst du auch noch machen:
a) Male einen Comic zum Witz. b) Spielt den Witz als Sketch. c) Lerne den Witz auswendig. Erzähle ihn.

© Verlag an der Ruhr | Autor: Bernd Wehren | ISBN 978-3-8346-2727-8 | www.verlagruhr.de

Lösung *Witz 26*

1. Lies die Sätze.

~~Ball~~ Fräulein Ballermann fragt ihren ~~Hund~~ Schüler ~~ja~~ Ken:
„Du hast die gleichen Fehler ~~in~~ im Diktat wie dein Tischnachbar.
Kannst ~~ich~~ du mir ~~weil~~ das ~~Buch~~ erklären?“
Ken ~~fragt~~ sagt: „Wir ~~sind~~ haben dieselbe Lehrerin!“

2. In jedem Satz sind ein, zwei oder drei falsche Wörter. Streiche durch. Schreibe den Witz richtig ab. Lies.

Fräulein Ballermann fragt ihren Schüler Ken:
„Du hast die gleichen Fehler im Diktat wie dein Tischnachbar.
Kannst du mir das erklären?“
Ken sagt: „Wir haben dieselbe Lehrerin!“

3. Kreuze an.

a) Fräulein Ballermann ist Lehrerin.	ja ☒	nein ☐	vielleicht ☐
b) Der Tischnachbar von Ken hat im Diktat Fehler.	ja ☒	nein ☐	vielleicht ☐
c) Die Mitschüler von Ken haben alle weniger Fehler als er selbst.	ja ☐	nein ☒	vielleicht ☐
d) Das Diktat haben die Schüler bei einem Lehrer geschrieben.	ja ☐	nein ☒	vielleicht ☐

4. Das kannst du auch noch machen:
a) Male einen Comic zum Witz. b) Spielt den Witz als Sketch. c) Lerne den Witz auswendig. Erzähle ihn.

© Verlag an der Ruhr | Autor: Bernd Wehren | ISBN 978-3-8346-2727-8 | www.verlagruhr.de

© Verlag an der Ruhr | Autor: Bernd Wehren | ISBN 978-3-8346-2727-8 | www.verlagruhr.de

Lösung Witz 27

1. Lies die Sätze.

Die Lehrerin ~~beginnt~~ beendet eine ~~kurz und~~ Prügelei:
„Ich will ~~kämpfen Tom~~ wissen, wer damit angefangen hat!“
Marc erklärt ~~wie dem~~ der wütenden ~~Lehrer~~ Lehrerin:
„Alex hat angefangen, ~~Saft zu trinken~~ zurückzuschlagen.“

2. In jedem Satz sind ein, zwei oder drei falsche Wörter. Streiche durch. Schreibe den Witz richtig ab. Lies.

Die Lehrerin beendet eine Prügelei:
„Ich will wissen, wer damit angefangen hat!“
Marc erklärt der wütenden Lehrerin:
„Alex hat angefangen, zurückzuschlagen.“

3. Kreuze an.

	ja	nein	vielleicht
a) Marco und Alex prügeln sich.	☐	☒	☐
b) Die Lehrerin isst gern Schoko-Pudding mit Vanille-Soße.	☐	☐	☒
c) Die Lehrerin tobt vor Wut.	☒	☐	☐
d) Marc hat mit dem Hauen und Schlagen angefangen.	☒	☐	☐

4. Das kannst du auch noch machen:
a) Male einen Comic zum Witz. b) Spielt den Witz als Sketch. c) Lerne den Witz auswendig. Erzähle ihn.

Lösung Witz 28

1. Lies die Sätze.

Jan rennt heulend in ~~an~~ die Klasse und ~~du~~ sagt dem Lehrer:
„Ich ~~werde~~ hatte einen schrecklichen ~~Hunger~~ Albtraum.“
Herr Locker fragt: „Von ~~wo~~ was hast du ~~das~~ denn geträumt?“
Jan ~~Lehrer~~ ruft ~~locker~~ laut: „Von ~~Dinosauriern~~ Ihnen!“

2. In jedem Satz sind ein, zwei oder drei falsche Wörter. Streiche durch. Schreibe den Witz richtig ab. Lies.

Jan rennt heulend in die Klasse und sagt dem Lehrer:
„Ich hatte einen schrecklichen Albtraum.“
Herr Locker fragt: „Von was hast du denn geträumt?“
Jan ruft laut: „Von Ihnen!“

3. Kreuze an.

	ja	nein	vielleicht
a) Ein Schüler von Lehrer Locker flitzt in die Klasse und weint.	☒	☐	☐
b) Jan erzählt, dass er schlecht geträumt hat.	☒	☐	☐
c) Jan sitzt an einem Gruppentisch mit drei weiteren Jungen.	☐	☐	☒
d) Jan hat von seinem Lehrer geträumt.	☒	☐	☐

4. Das kannst du auch noch machen:
a) Male einen Comic zum Witz. b) Spielt den Witz als Sketch. c) Lerne den Witz auswendig. Erzähle ihn.

Lösung Witz 29

1. Lies die Sätze.

Stefanie fragt ~~nach~~ Lehrer ~~singen leise~~ Magerquark:
„Was ~~rechnen~~ soll dies unter meinem Aufsatz ~~Bett~~ heißen?“
Lehrer Magerquark ~~Dach~~ liest ~~nicht Regen~~ vor:
„Du sollst ~~Witze Liebesbriefe~~ deutlicher ~~lesen~~ schreiben.“

2. In jedem Satz sind ein, zwei oder drei falsche Wörter. Streiche durch. Schreibe den Witz richtig ab. Lies.

Stefanie fragt Lehrer Magerquark:
„Was soll dies unter meinem Aufsatz heißen?“
Lehrer Magerquark liest vor:
„Du sollst deutlicher schreiben.“

3. Kreuze an.

	ja	nein	vielleicht
a) Lehrer Magerquark hat einen Aufsatz geschrieben.	☐	☒	☐
b) Stefanie hat etwas unter den Aufsatz vom Lehrer geschrieben.	☐	☒	☐
c) Lehrer Magerquark ist begeisterter Briefmarken-Sammler.	☐	☐	☒
d) Lehrer Magerquark hat eine sehr deutliche Schrift.	☐	☒	☐

4. Das kannst du auch noch machen:
a) Male einen Comic zum Witz. b) Spielt den Witz als Sketch. c) Lerne den Witz auswendig. Erzähle ihn.

© Verlag an der Ruhr | Autor: Bernd Wehren | ISBN 978-3-8346-2727-8 | www.verlagruhr.de

Lösung Witz 30

1. Lies die Sätze.

Nils ~~lacht~~ stürzt in die Klasse und erklärt ~~mit~~ dem Lehrer:
„Ich ~~du~~ bin auf dem Schulweg ~~beschenkt~~ bestohlen worden.“
Der Lehrer fragt: „Was hat man ~~es~~ dir denn ~~vier~~ geklaut?“
Nils ~~und Ei~~ meint: „Zum Glück nur ~~ab~~ die Hausaufgaben!“

2. In jedem Satz sind ein, zwei oder drei falsche Wörter. Streiche durch. Schreibe den Witz richtig ab. Lies.

Nils stürzt in die Klasse und erklärt dem Lehrer:
„Ich bin auf dem Schulweg bestohlen worden.“
Der Lehrer fragt: „Was hat man dir denn geklaut?“
Nils meint: „Zum Glück nur die Hausaufgaben!“

3. Kreuze an.

	ja	nein	vielleicht
a) Nils hat auf dem Weg zur Schule jemanden bestohlen.	☐	☒	☐
b) Nils hat zum Glück seine Hausaufgaben dabei.	☐	☒	☐
c) Nils steht vor dem Pult des Lehrers.	☐	☐	☒
d) Der Lehrer hat einen grünen Schlafanzug an.	☐	☒	☐

4. Das kannst du auch noch machen:
a) Male einen Comic zum Witz. b) Spielt den Witz als Sketch. c) Lerne den Witz auswendig. Erzähle ihn.

© Verlag an der Ruhr | Autor: Bernd Wehren | ISBN 978-3-8346-2727-8 | www.verlagruhr.de

© Verlag an der Ruhr | Autor: Bernd Wehren | ISBN 978-3-8346-2727-8 | www.verlagruhr.de

Lösung Witz 31

1. Lies die Sätze.

Die Enkeltochter Doris fragt ~~gestern~~ ihre ~~rote~~ Oma:
„Wie ~~alt bist du~~ hat dir und Opa das Ballett gefallen?"
Oma meint: „Toll! Und als ~~ein Hund~~ Opa eingeschlafen war,
haben ~~wir~~ sie sogar ~~unter~~ auf Zehenspitzen weitergetanzt!"

2. In jedem Satz sind ein, zwei oder drei falsche Wörter. Streiche durch. Schreibe den Witz richtig ab. Lies.

Die Enkeltochter Doris fragt ihre Oma:
Wie hat dir und Opa das Ballett gefallen?"
Oma meint: Toll! Und als Opa eingeschlafen war,
haben sie sogar auf Zehenspitzen weitergetanzt!"

3. Kreuze an.

	ja	nein	vielleicht
a) Die Enkeltochter heißt Doris Donnerschlag.	☐	☐	☒
b) Die Großmutter heißt Maria und der Großvater heißt Josef.	☐	☐	☒
c) Oma und Opa haben sich ein Ballett-Theaterstück angeschaut.	☒	☐	☐
d) Opa hat vom Ballett nicht alles gesehen.	☒	☐	☐

4. Das kannst du auch noch machen:
a) Male einen Comic zum Witz. b) Spielt den Witz als Sketch. c) Lerne den Witz auswendig. Erzähle ihn.

Lösung Witz 32

1. Lies die Sätze.

Der Zoodirektor fragt ~~seine Katze~~ seinen kleinen Sohn:
„Nenne ~~dir~~ mir drei ~~Früchte~~ Tiere, die ~~im~~ in Afrika leben."
Marcel überlegt kurz ~~Ohren~~ und ~~schwimmt~~ sagt dann:
„Ein ~~Buch~~ Löwe und ~~sechs~~ zwei ~~Lampen~~ Elefanten."

2. In jedem Satz sind ein, zwei oder drei falsche Wörter. Streiche durch. Schreibe den Witz richtig ab. Lies.

Der Zoodirektor fragt seinen kleinen Sohn:
„Nenne mir drei Tiere, die im in Afrika leben."
Marcel überlegt kurz und sagt dann:
„Ein Löwe und zwei Elefanten."

3. Kreuze an.

	ja	nein	vielleicht
a) Der Vater von Marcel ist Zoodirektor.	☒	☐	☐
b) Marcel soll drei Tiere nennen, die in Amerika leben.	☐	☒	☐
c) Marcel nennt Elefanten und Möwen.	☐	☒	☐
d) Der Vater von Marcel trägt einen braunen Tropenhelm.	☐	☐	☒

4. Das kannst du auch noch machen:
a) Male einen Comic zum Witz. b) Spielt den Witz als Sketch. c) Lerne den Witz auswendig. Erzähle ihn.

Lösung Witz 33

1. Lies die Sätze.

Zwei Regenwurm-Frauen treffen sich ~~um~~ im ~~Buch~~ Beet.
Da ~~ist~~ fragt Roswitha Regenwurm ~~den Regen~~ die andere:
„Wo ~~fliegt~~ ist dein ~~Regenschirm liebe~~ Ehemann?“
Resi Regenwurm schluchzt: „Rudi ist ~~ein~~ beim ~~da~~ Angeln.“

2. In jedem Satz sind ein, zwei oder drei falsche Wörter. Streiche durch. Schreibe den Witz richtig ab. Lies.

Zwei Regenwurm-Frauen treffen sich im Beet.
Da fragt Roswitha Regenwurm die andere:
„Wo ist dein Ehemann?“
Resi Regenwurm schluchzt: „Rudi ist beim Angeln.“

3. Kreuze an.

a) Resi und Roswitha Regenwurm treffen sich im Bett.	ja ☐	nein ☒	vielleicht ☐
b) Der Mann von Resi Regenwurm heißt Rudi.	ja ☒	nein ☐	vielleicht ☐
c) Der Mann von Roswitha Regenwurm heißt Ralf.	ja ☐	nein ☐	vielleicht ☒
d) Rudi Regenwurm hängt am Haken einer Angel.	ja ☒	nein ☐	vielleicht ☐

4. Das kannst du auch noch machen:

a) Male einen Comic zum Witz. b) Spielt den Witz als Sketch. c) Lerne den Witz auswendig. Erzähle ihn.

© Verlag an der Ruhr | Autor: Bernd Wehren | ISBN 978-3-8346-2727-8 | www.verlagruhr.de

Lösung Witz 34

1. Lies die Sätze.

Der Regenwurm fragt ~~den Maulwurf~~ seine Freundin:
„Willst du ~~dich~~ mich ~~nicht fressen~~ heiraten?“
Seine Freundin ~~ist begeistert~~ zögert. Da ~~fragt~~ sagt er:
„Wenn ~~so~~ du mich nicht heiratest, werfe ich mich vor ein Huhn.“

2. In jedem Satz sind ein, zwei oder drei falsche Wörter. Streiche durch. Schreibe den Witz richtig ab. Lies.

Der Regenwurm fragt seine Freundin:
„Willst du mich heiraten?“
Seine Freundin zögert. Da sagt er:
„Wenn du mich nicht heiratest, werfe ich mich vor ein Huhn.“

3. Kreuze an.

a) Der Regenwurm stellt seiner Freundin eine Frage.	ja ☒	nein ☐	vielleicht ☐
b) Der Regenwurm möchte, dass seine Freundin seine Frau wird.	ja ☒	nein ☐	vielleicht ☐
c) Der Regenwurm wird sich vor ein Huhn werfen.	ja ☐	nein ☐	vielleicht ☒
d) Seine Freundin wird ihn heiraten.	ja ☐	nein ☐	vielleicht ☒

4. Das kannst du auch noch machen:

a) Male einen Comic zum Witz. b) Spielt den Witz als Sketch. c) Lerne den Witz auswendig. Erzähle ihn.

© Verlag an der Ruhr | Autor: Bernd Wehren | ISBN 978-3-8346-2727-8 | www.verlagruhr.de

© Verlag an der Ruhr | Autor: Bernd Wehren | ISBN 978-3-8346-2727-8 | www.verlagruhr.de

Lösung Witz 35

1. Lies die Sätze.

Der Vater liest ~~hat~~ seiner Tochter aus ~~dem~~ der Zeitung vor:
„Einer ~~zu~~ von 1000 Menschen ist über ~~drei~~ zwei Meter groß."
Da fügt ~~Fluss~~ Ute ~~sein Schule~~ hinzu:
„Und den kenne ich. Der ~~Frau~~ sitzt immer im Kino vor mir!"

2. In jedem Satz sind ein, zwei oder drei falsche Wörter. Streiche durch. Schreibe den Witz richtig ab. Lies.

Der Vater liest seiner Tochter aus der Zeitung vor:
„Einer von 1000 Menschen ist über zwei Meter groß."
Da fügt Ute hinzu:
„Und den kenne ich. Der sitzt immer im Kino vor mir!"

3. Kreuze an.

a) Die Tochter des Vaters, der etwas vorliest, heißt Ute.	ja ☒	nein ☐	vielleicht ☐
b) Der Vater heißt mit Vornamen Rolf-Rüdiger.	ja ☐	nein ☐	vielleicht ☒
c) In der Zeitung steht, dass viele Menschen größer als 2 Meter sind.	ja ☐	nein ☒	vielleicht ☐
d) Die Tochter war noch nie im Kino.	ja ☐	nein ☒	vielleicht ☐

4. Das kannst du auch noch machen:
a) Male einen Comic zum Witz. b) Spielt den Witz als Sketch. c) Lerne den Witz auswendig. Erzähle ihn.

Lösung Witz 36

1. Lies die Sätze.

Um Mitternacht klettert ein Einbrecher durch ~~es~~ ein Fenster.
Der Hausbesitzer Gerd Goldfuß ~~schläft laut ein~~ wacht auf.
Der Einbrecher flüstert: „Pssst! Ich ~~träume~~ suche nur Geld."
Goldfuß flüstert zurück: „Prima Idee! Ich ~~ist~~ suche mit."

2. In jedem Satz sind ein, zwei oder drei falsche Wörter. Streiche durch. Schreibe den Witz richtig ab. Lies.

Um Mitternacht klettert ein Einbrecher durch ein Fenster.
Der Hausbesitzer Gerd Goldfuß wacht auf.
Der Einbrecher flüstert: „Pssst! Ich suche nur Geld."
Goldfuß flüstert zurück: „Prima Idee! Ich suche mit."

3. Kreuze an.

a) Ein Einbrecher klettert um die Mittagszeit durch ein Fenster.	ja ☐	nein ☒	vielleicht ☐
b) Gerd Goldfuß wird durch den Einbrecher nicht wach.	ja ☐	nein ☒	vielleicht ☐
c) Der Einbrecher ist auf der Suche nach Gold.	ja ☐	nein ☒	vielleicht ☐
d) Gerd Goldfuß hat große Angst vor dem Einbrecher.	ja ☐	nein ☒	vielleicht ☐

4 Das kannst du auch noch machen:
a) Male einen Comic zum Witz. b) Spielt den Witz als Sketch. c) Lerne den Witz auswendig. Erzähle ihn.

Lösung Witz 37

1. Lies die Sätze.

Der Tierhändler will ~~mir~~ Frau Hasenfuß eine Katze verkaufen:
„Diese ~~Maus~~ Katze kann ~~fliegen~~ ihren eigenen Namen sagen!“
Frau Hasenfuß ~~weint~~ fragt: „Wie heißt ~~der Hase~~ sie denn?“
Der ~~Esel~~ Tierhändler ~~springt und~~ sagt: „Miau!“

2. In jedem Satz sind ein, zwei oder drei falsche Wörter. Streiche durch. Schreibe den Witz richtig ab. Lies.

Der Tierhändler will Frau Hasenfuß eine Katze verkaufen:
„Diese Katze kann ihren eigenen Namen sagen!“
Frau Hasenfuß fragt: „Wie heißt sie denn?“
Der Tierhändler sagt: „Miau!“

3. Kreuze an.

	ja	nein	vielleicht
a) Der Tierhändler will einer Kundin eine Katze verkaufen.	☒	☐	☐
b) Der Tierhändler behauptet, die Katze könne ihren Namen sagen.	☒	☐	☐
c) Frau Hasenfuß will wissen, wie die Katze heißt.	☒	☐	☐
d) Frau Hasenfuß kauft die Katze.	☐	☐	☒

4. Das kannst du auch noch machen:
a) Male einen Comic zum Witz. b) Spielt den Witz als Sketch. c) Lerne den Witz auswendig. Erzähle ihn.

Lösung Witz 38

1. Lies die Sätze.

Durch die Wüste Australiens hüpft ein ~~Ball~~ Känguru.
Da steckt ein Pinguin seinen Kopf ~~ins~~ aus dem ~~Tor~~ Beutel.
Er ist vor ~~Freude~~ Übelkeit grün im Gesicht und meckert:
„Dieser blöde ~~Ball im Tor~~ Schüleraustausch!“

2. In jedem Satz sind ein, zwei oder drei falsche Wörter. Streiche durch. Schreibe den Witz richtig ab. Lies.

Durch die Wüste Australiens hüpft ein Känguru.
Da steckt ein Pinguin seinen Kopf aus dem Beutel.
Er ist vor Übelkeit grün im Gesicht und meckert:
„Dieser blöde Schüleraustausch!“

3. Kreuze an.

	ja	nein	vielleicht
a) Ein Känguru hüpft durch die Wüste von Australien.	☒	☐	☐
b) Ein Pinguin steckt seinen Kopf aus dem Beutel des Kängurus.	☒	☐	☐
c) Dem Pinguin ist wegen der ständigen Hüpferei schlecht geworden.	☒	☐	☐
d) Das Känguru-Kind ist bei der Pinguin-Familie.	☒	☐	☐

4. Das kannst du auch noch machen:
a) Male einen Comic zum Witz. b) Spielt den Witz als Sketch. c) Lerne den Witz auswendig. Erzähle ihn.

Lösung *Witz 39*

1. Lies die Sätze.

Der Schäfer wird von ~~ei em Schaf~~ seinem Freund gefragt:
„Wie viele ~~Finger~~ Schafe hast du eigentlich?“
Der Schäfer ~~fragt verwundert~~ antwortet: „Keine Ahnung!
Immer wenn ich sie zähle, ~~wache~~ schlafe ich ~~auf~~ dabei ein.“

2. In jedem Satz sind ein, zwei oder drei falsche Wörter. Streiche durch. Schreibe den Witz richtig ab. Lies.

Der Schäfer wird von seinem Freund gefragt:
„Wie viele Schafe hast du eigentlich?“
Der Schäfer antwortet: „Keine Ahnung!
Immer wenn ich sie zähle, schlafe ich dabei ein.“

3. Kreuze an.

	ja	nein	vielleicht
a) Der Schäfer heißt mit Nachnamen Schäfer.	☐	☐	☒
b) Der Freund heißt mit Vornamen Stephanie.	☐	☒	☐
c) Der Schäfer kennt die Anzahl seiner Schafe genau.	☐	☒	☐
d) Der Freund ist einhundertneunundachtzig Jahre alt.	☐	☒	☐

4. Das kannst du auch noch machen:
a) Male einen Comic zum Witz. b) Spielt den Witz als Sketch. c) Lerne den Witz auswendig. Erzähle ihn.

© Verlag an der Ruhr | Autor: Bernd Wehren | ISBN 978-3-8346-2727-8 | www.verlagruhr.de

Lösung *Witz 40*

1. Lies die Sätze.

Ein Lastwagen ~~schwimmt~~ fährt auf eine ~~da~~ Unterführung zu.
Der ~~Bus~~ Beifahrer sagt: „Auf ~~dir~~ dem Schild steht 3 Meter.
Aber unser ~~Dreirad~~ Lastwagen hat eine Höhe von 3,20 m.“
Da meint der Fahrer: „Egal! Oder siehst du ~~ihn~~ die Polizei?“

2. In jedem Satz sind ein, zwei oder drei falsche Wörter. Streiche durch. Schreibe den Witz richtig ab. Lies.

Ein Lastwagen fährt auf eine Unterführung zu.
Der Beifahrer sagt: „Auf dem Schild steht 3 Meter.
Aber unser Lastwagen hat eine Höhe von 3,20 m.“
Da meint der Fahrer: „Egal! Oder siehst du die Polizei?“

3. Kreuze an.

	ja	nein	vielleicht
a) Ein blauer Lastwagen fährt auf eine Unterführung zu.	☐	☐	☒
b) Der Lastwagen ist 3,20 m zu hoch für die Unterführung.	☐	☒	☐
c) In dem Lastwagen sitzen mindestens zwei Personen.	☒	☐	☐
d) Der Lastwagen kann problemlos unter der Unterführung durchfahren.	☐	☒	☐

4. Das kannst du auch noch machen:
a) Male einen Comic zum Witz. b) Spielt den Witz als Sketch. c) Lerne den Witz auswendig. Erzähle ihn.

© Verlag an der Ruhr | Autor: Bernd Wehren | ISBN 978-3-8346-2727-8 | www.verlagruhr.de

© Verlag an der Ruhr | Autor: Bernd Wehren | ISBN 978-3-8346-2727-8 | www.verlagruhr.de

Lösung Witz 41

Tipp:
Schreibe Zahlen über die Wörter.

1. Lies die Sätze.

beschwert Am Greta bei Morgen sich Lehrerin: ihrer
gerecht. „Das wirklich nicht ist
Papa Tag Mein Hausaufgaben. macht meine jeden
schlechten dafür.“ Noten Aber kriege ich die

2. Ordne die Wörter in jedem Satz. Schreibe den Witz richtig ab. Lies.

Am Morgen beschwert sich Greta bei ihrer Lehrerin:
„Das ist wirklich nicht gerecht.
Mein Papa macht jeden Tag meine Hausaufgaben.
Aber ich kriege die schlechten Noten dafür.“

3. Kreuze an.

	ja	nein	vielleicht
a) Greta beschwert sich morgens bei ihrem Lehrer.	☐	☒	☐
b) Das Mädchen findet etwas nicht gerecht.	☒	☐	☐
c) Der Vater macht die Hausaufgaben von Greta.	☒	☐	☐
d) Die Tochter bekommt dafür die schlechten Noten.	☒	☐	☐

4. Das kannst du auch noch machen:
a) Male einen Comic zum Witz. b) Spielt den Witz als Sketch. c) Lerne den Witz auswendig. Erzähle ihn.

Lösung Witz 42

Tipp:
Schreibe Zahlen über die Wörter.

1. Lies die Sätze.

Lehrer Zoobesuch: fragt Schüler seine nach Der dem
„Wie Zoo der euch zum gefallen?“ Ausflug hat
im laut Alle Chor: Schüler rufen
„Gut! alle Denn laufen dort herum.“ Schimpfwörter

2. Ordne die Wörter in jedem Satz. Schreibe den Witz richtig ab. Lies.

Der Lehrer fragt seine Schüler nach dem Zoobesuch:
„Wie hat euch der Ausflug zum Zoo gefallen?“
Alle Schüler rufen laut im Chor:
„Gut! Denn dort laufen alle Schimpfwörter herum.“

3. Kreuze an.

	ja	nein	vielleicht
a) Eine Eintrittskarte für den Zoo kostet 6 Euro.	☐	☐	☒
b) Der Lehrer fragt, wie den Schülern der Ausflug gefallen hat.	☒	☐	☐
c) Einige wenige Schüler rufen die Antwort laut im Chor.	☐	☒	☐
d) Im Zoo gibt es Gummibären und Lakritzschnecken.	☐	☐	☒

4. Das kannst du auch noch machen:
a) Male einen Comic zum Witz. b) Spielt den Witz als Sketch. c) Lerne den Witz auswendig. Erzähle ihn.

Lösung Witz 43

Tipp:
Schreibe Zahlen über die Wörter.

1. Lies die Sätze.

Auf bewerfen Schnee. Schulhof Kinder dem sich mit
Fröhn mit Klasse Frau der schimpft 2a:
nicht „Ihr zurückwerfen, sollt holen.“ mich sondern
Kinder 2a der fragen: Die „Treffen besser?“ Sie denn

2. Ordne die Wörter in jedem Satz. Schreibe den Witz richtig ab. Lies.

Auf dem Schulhof bewerfen sich Kinder mit Schnee.
Frau Fröhn schimpft mit der Klasse 2a:
„Ihr sollt nicht zurückwerfen, sondern mich holen.“
Die Kinder der 2a fragen: „Treffen Sie denn besser?“

3. Kreuze an.

	ja	nein	vielleicht
a) Auf dem Schulhof bewerfen sich die Lehrer mit Schneebällen.	☐	☒	☐
b) Lehrerin Fröhn meckert mit der Klasse 3a.	☐	☒	☐
c) Auf dem Schulhof stehen große und kleine Schneemänner.	☐	☐	☒
d) Die Schüler fragen Frau Fröhn, ob sie besser treffen würde.	☒	☐	☐

4. Das kannst du auch noch machen:

a) Male einen Comic zum Witz. b) Spielt den Witz als Sketch. c) Lerne den Witz auswendig. Erzähle ihn.

© Verlag an der Ruhr | Autor: Bernd Wehren | ISBN 978-3-8346-2727-8 | www.verlagruhr.de

Lösung Witz 44

Tipp:
Schreibe Zahlen über die Wörter.

1. Lies die Sätze.

erkundigt bei sich Enkeltochter ihrer Oma Die Lisa:
in gefällt dir „Wie Schule?“ es der
meint: Lisa „Gut, die aber Lehrer nicht wissen viel.
uns Sie eine Frage nach anderen.“ der stellen

2. Ordne die Wörter in jedem Satz. Schreibe den Witz richtig ab. Lies.

Die Oma erkundigt sich bei ihrer Enkeltochter Lisa:
„Wie gefällt es dir in der Schule?“
Lisa meint: „Gut, aber die Lehrer wissen nicht viel.
Sie stellen uns eine Frage nach der anderen.“

3. Kreuze an.

	ja	nein	vielleicht
a) Lisa ist drei Jahre alt.	☐	☒	☐
b) Oma möchte wissen, ob es Lisa in der Schule gefällt.	☒	☐	☐
c) Nach Lisas Meinung sind alle Lehrer sehr klug.	☐	☒	☐
d) Die Lehrer stellen viele Fragen.	☒	☐	☐

4. Das kannst du auch noch machen:

a) Male einen Comic zum Witz. b) Spielt den Witz als Sketch. c) Lerne den Witz auswendig. Erzähle ihn.

© Verlag an der Ruhr | Autor: Bernd Wehren | ISBN 978-3-8346-2727-8 | www.verlagruhr.de

© Verlag an der Ruhr | Autor: Bernd Wehren | ISBN 978-3-8346-2727-8 | www.verlagruhr.de

Lösung Witz 45

1. Lies die Sätze.

Max Schule Hause und schnell der rennt von nach ruft:
Schule, „Es etwas gibt in was der niemand mir.“ außer kann
der und Die Vater Mutter fragen: denn, „Was Max?“
„Meine Max eigene antwortet: lesen!“ Handschrift

2. Ordne die Wörter in jedem Satz. Schreibe den Witz richtig ab. Lies.

Max rennt schnell von der Schule nach Hause und ruft:
„Es gibt etwas in der Schule, was niemand kann außer mir.“
Die Mutter und der Vater fragen: „Was denn, Max?“
Max antwortet: „Meine eigene Handschrift lesen!“

3. Kreuze an.

	ja	nein	vielleicht
a) Max schlendert von der Schule gemütlich nach Hause.	☐	☒	☐
b) Max trägt einen roten Pullover und eine blaue Hose.	☐	☐	☒
c) Beide Eltern sind zu Hause.	☒	☐	☐
d) Max hat eine sehr schöne Schrift.	☐	☒	☐

4. Das kannst du auch noch machen:
a) Male einen Comic zum Witz. b) Spielt den Witz als Sketch. c) Lerne den Witz auswendig. Erzähle ihn.

© Verlag an der Ruhr | Autor: Bernd Wehren | ISBN 978-3-8346-2727-8 | www.verlagruhr.de

Lösung Witz 46

1. Lies die Sätze.

Lehrer: aus Kälte sich und zieht „Wärme dehnt zusammen. sich
ein mir Beispiel Wer kann geben?“
Katja: „Die Wochen. Ferien Sommer dauern im sechs Ferien
Und zwei im die Winter nur dauern Wochen.“

2. Ordne die Wörter in jedem Satz. Schreibe den Witz richtig ab. Lies.

Lehrer: „Wärme dehnt sich aus und Kälte zieht sich zusammen.
Wer kann mir ein Beispiel geben?“
Katja: „Die Ferien. Ferien im Sommer dauern sechs Wochen.
Und im Winter dauern die nur zwei Wochen.“

3. Kreuze an.

	ja	nein	vielleicht
a) Katja schnippst mit den Fingern, während sie sich meldet.	☐	☐	☒
b) Die Schüler haben gerade Ferien.	☐	☒	☐
c) Sechs Wochen dauern die Winterferien.	☐	☒	☐
d) Die Sommerferien dauern zwei Wochen.	☐	☒	☐

4. Das kannst du auch noch machen:
a) Male einen Comic zum Witz. b) Spielt den Witz als Sketch. c) Lerne den Witz auswendig. Erzähle ihn.

© Verlag an der Ruhr | Autor: Bernd Wehren | ISBN 978-3-8346-2727-8 | www.verlagruhr.de

© Verlag an der Ruhr | Autor: Bernd Wehren | ISBN 978-3-8346-2727-8 | www.verlagruhr.de

Lösung Witz 47

1. Lies die Sätze.

seinen fragt Andreas Mathe-Lehrer:

in ich „Warum bekommen?“ habe Mathe Sechs eine

ihm Der antwortet Lehrer Stimme: ruhiger mit

es „Weil gibt!“ Zehn keine

Tipp: Schreibe Zahlen über die Wörter.

2. Ordne die Wörter in jedem Satz. Schreibe den Witz richtig ab. Lies.

Andreas fragt seinen Mathe-Lehrer:
„Warum habe ich in Mathe eine Sechs bekommen?“
Der Lehrer antwortet ihm mit ruhiger Stimme:
„Weil es keine Zehn gibt!“

3. Kreuze an.

a) Andreas fragt seinen Sportlehrer, warum er eine Sechs bekommen hat.	ja ☐	nein ☒	vielleicht ☐
b) Andreas ist ein guter Rechner.	ja ☐	nein ☒	vielleicht ☐
c) Andreas ist ein guter Sportler.	ja ☐	nein ☐	vielleicht ☒
d) Der Lehrer ist ein guter Rechner.	ja ☒	nein ☐	vielleicht ☐

4. Das kannst du auch noch machen:
a) Male einen Comic zum Witz. b) Spielt den Witz als Sketch. c) Lerne den Witz auswendig. Erzähle ihn.

Lösung Witz 48

1. Lies die Sätze.

Heiligenschein ihre Lehrerin Schüler: fragt netten

der den „Wie man Schutzpatron nennt Glöckner?“

meldet pfiffige sich und Da die Maria sagt:

klar: doch Bimbam!“ „Ist Heiliger

Tipp: Schreibe Zahlen über die Wörter.

2. Ordne die Wörter in jedem Satz. Schreibe den Witz richtig ab. Lies.

Lehrerin Heiligenschein fragt ihre netten Schüler:
„Wie nennt man den Schutzpatron der Glöckner?“
Da meldet sich die pfiffige Maria und sagt:
„Ist doch klar: Heiliger Bimbam!“

3. Kreuze an.

a) Die Schüler der Lehrerin Heiligenschein sind freundlich.	ja ☒	nein ☐	vielleicht ☐
b) Ein Glöckner kümmert sich um die Glocken in einer Kirche.	ja ☒	nein ☐	vielleicht ☐
c) Die Schülerin Maria hat ein weißes Fahrrad.	ja ☐	nein ☐	vielleicht ☒
d) Lehrerin Heiligenschein singt in einem Kirchenchor mit.	ja ☐	nein ☐	vielleicht ☒

4. Das kannst du auch noch machen:
a) Male einen Comic zum Witz. b) Spielt den Witz als Sketch. c) Lerne den Witz auswendig. Erzähle ihn.

Lösung Witz 49

1. Lies die Sätze.

mit Lehrer schimpft Fred: Der „Du zu bist wieder spät!“
von Fred: habe geträumt.“ „Ich Fußballspiel einem
zu „Deshalb Lehrerin: du kommst spät?“
gab Es Verlängerung.“ „Ja. Fred:

2. Ordne die Wörter in jedem Satz. Schreibe den Witz richtig ab. Lies.

Der Lehrer schimpft mit Fred: „Du bist wieder zu spät!“
Fred: „Ich habe von einem Fußballspiel geträumt.“
Lehrerin: „Deshalb kommst du zu spät?“
Fred: „Ja. Es gab Verlängerung.“

3. Kreuze an.

	ja	nein	vielleicht
a) Die Lehrerin meckert mit Fred.	☐	☒	☐
b) Fred kommt unpünktlich zum Unterricht.	☒	☐	☐
c) Der Lehrer hat von einem Fußballspiel geträumt.	☐	☒	☐
d) Das Fußballspiel dauerte die normale Spielzeit von 90 Minuten.	☐	☒	☐

4. Das kannst du auch noch machen:

a) Male einen Comic zum Witz. b) Spielt den Witz als Sketch. c) Lerne den Witz auswendig. Erzähle ihn.

Lösung Witz 50

1. Lies die Sätze.

die Lehrer Der Hausaufgaben: diktiert
der Aufgaben alle macht Seiten 29, 30 und 31.“ „Ihr
Tischnachbarin Susi flüstert Da ihrer ins etwas Ohr:
armer „Mein Vater!“

2. Ordne die Wörter in jedem Satz. Schreibe den Witz richtig ab. Lies.

Der Lehrer diktiert die Hausaufgaben:
„Ihr macht alle Aufgaben der Seiten 29, 30 und 31.“
Da flüstert Susi ihrer Tischnachbarin etwas ins Ohr:
„Mein armer Vater!“

3. Kreuze an.

	ja	nein	vielleicht
a) Die Sonne geht in diesem Moment auf.	☐	☒	☐
b) Die Schüler sollen die Aufgaben 29, 30 und 31 zu Hause machen.	☐	☒	☐
c) Die Tischnachbarin flüstert Susi etwas ins Ohr.	☐	☒	☐
d) Susis Vater macht ihre Hausaufgaben.	☒	☐	☐

4. Das kannst du auch noch machen:

a) Male einen Comic zum Witz. b) Spielt den Witz als Sketch. c) Lerne den Witz auswendig. Erzähle ihn.

Lösung Witz 51

Tipp: Schreibe Zahlen über die Wörter.

1. Lies die Sätze.

Der rennt seiner kleine weinend zu Paul Mutter:

hat „Papa Hammer seinen auf den sich Daumen geschlagen."

meint: Mama brauchst „Deshalb doch du zu nicht weinen."

ich habe „Zuerst auch ja gelacht."

2. Ordne die Wörter in jedem Satz. Schreibe den Witz richtig ab. Lies.

Der kleine Paul rennt weinend zu seiner Mutter:

„Papa hat sich den Hammer auf seinen Daumen geschlagen."

Mama meint: „Deshalb brauchst du doch nicht zu weinen."

Paul: „Zuerst habe ich ja auch gelacht."

3. Kreuze an.

	ja	nein	vielleicht
a) Paul läuft heulend zu seiner Mutter.	☒	☐	☐
b) Der Vater hat sich den Hammer auf seinen Zeigefinger geschlagen.	☐	☒	☐
c) Mit einem Hammer kann man Nägel in die Wand schlagen.	☒	☐	☐
d) Paul hat gelacht, weil sein Vater einen Witz erzählt hat.	☐	☒	☐

4. Das kannst du auch noch machen:

a) Male einen Comic zum Witz. b) Spielt den Witz als Sketch. c) Lerne den Witz auswendig. Erzähle ihn.

Lösung Witz 52

Tipp: Schreibe Zahlen über die Wörter.

1. Lies die Sätze.

Eine an kratzt ihrem sich Känguru-Mama Beutel.

Sie Kind mit im schimpft ihrem Beutel:

so „Ich oft es habe schon dir gesagt:

Bett sollst keinen Du im Zwieback essen!"

2. Ordne die Wörter in jedem Satz. Schreibe den Witz richtig ab. Lies.

Eine Känguru-Mama kratzt sich an ihrem Beutel.

Sie schimpft mit ihrem Kind im Beutel:

„Ich habe es dir schon so oft gesagt:

Du sollst im Bett keinen Zwieback essen!"

3. Kreuze an.

	ja	nein	vielleicht
a) Die Känguru-Mutter kratzt sich an ihrem Kopf.	☐	☒	☐
b) Die Känguru-Mutter meckert mit ihrem Kind im Beutel.	☒	☐	☐
c) Der Känguru-Vater hüpft um die Mutter herum.	☐	☐	☒
d) Der Känguru-Vater soll keinen Zwieback im Bett essen.	☐	☒	☐

4. Das kannst du auch noch machen:

a) Male einen Comic zum Witz. b) Spielt den Witz als Sketch. c) Lerne den Witz auswendig. Erzähle ihn.

Lösung Witz 53

Tipp: Schreibe Zahlen über die Wörter.

1. Lies die Sätze.

zu Graf Zahnarzt geht Dracula Zuckerwürfel.
sich den in Er braunen setzt Behandlungsstuhl.
Zuckerwürfel Zahnarzt fragt: ich „Soll bohren?“
entgegnet Graf Dracula: nur Da bitte „Nein, anspitzen!“

2. Ordne die Wörter in jedem Satz. Schreibe den Witz richtig ab. Lies.

Graf Dracula geht zu Zahnarzt Zuckerwürfel.
Er setzt sich in den braunen Behandlungsstuhl.
Zahnarzt Zuckerwürfel fragt: „Soll ich bohren?“
Da entgegnet Graf Dracula: „Nein, bitte nur anspitzen!“

3. Kreuze an.

a) Graf Dracula will sich die Zähne beim Zahnarzt anspitzen lassen.	ja ☒	nein ☐	vielleicht ☐
b) Der Behandlungsstuhl ist nicht bequem.	ja ☐	nein ☐	vielleicht ☒
c) Zahnarzt Zuckerwürfel ist ein Fan von gruseligen Filmen.	ja ☐	nein ☐	vielleicht ☒
d) Zahnarzt Zuckerwürfel hat einen braunen Behandlungsstuhl.	ja ☒	nein ☐	vielleicht ☐

4. Das kannst du auch noch machen:
a) Male einen Comic zum Witz. b) Spielt den Witz als Sketch. c) Lerne den Witz auswendig. Erzähle ihn.

Lösung Witz 54

Tipp: Schreibe Zahlen über die Wörter.

1. Lies die Sätze.

Schneckenfamilie und Eine Papa sitzt Straßenrand am sagt:
„Sollen Straße über wir die jetzt kriechen? ist Sie frei.“
die sagt Da Schnecken-Mama: du „Bist verrückt?
der Stunden vier In kommt Bus!“

2. Ordne die Wörter in jedem Satz. Schreibe den Witz richtig ab. Lies.

Eine Schneckenfamilie sitzt am Straßenrand und Papa sagt:
„Sollen wir jetzt über die Straße kriechen? Sie ist frei.“
Da sagt die Schnecken-Mama: „Bist du verrückt?
In vier Stunden kommt der Bus!“

3. Kreuze an.

a) Eine Schneckenfamilie sitzt mitten auf der Straße.	ja ☐	nein ☒	vielleicht ☐
b) Sie wollen die Straße überqueren.	ja ☒	nein ☐	vielleicht ☐
c) Die Mama hat Angst, weil viele Autos die Straße befahren.	ja ☐	nein ☒	vielleicht ☐
d) Der Bus kommt in vier Stunden.	ja ☒	nein ☐	vielleicht ☐

4. Das kannst du auch noch machen:
a) Male einen Comic zum Witz. b) Spielt den Witz als Sketch. c) Lerne den Witz auswendig. Erzähle ihn.

Lösung Witz 55

1. Lies die Sätze.

Max will Der nicht kleine Bett ins gehen.
Da seinen Papa fragt Sprössling:
ein ich Gute-Nacht-Lied dir „Soll vorsingen?
gehst Oder nun und du ins freiwillig Bett schläfst?"

2. Ordne die Wörter in jedem Satz. Schreibe den Witz richtig ab. Lies.

Der kleine Max will nicht ins Bett gehen.
Da fragt Papa seinen Sprössling:
„Soll ich dir ein Gute-Nacht-Lied vorsingen?
Oder gehst du nun freiwillig ins Bett und schläfst?"

3. Kreuze an.

	ja	nein	vielleicht
a) Der kleine Max will noch wach bleiben.	☒	☐	☐
b) Der Vater hat eine schöne Stimme und kann toll singen.	☐	☒	☐
c) Der kleine Max muss am nächsten Tag in die Grundschule.	☐	☐	☒
d) Max hat eine schöne Stimme und kann toll singen.	☐	☐	☒

4 Das kannst du auch noch machen:
a) Male einen Comic zum Witz. b) Spielt den Witz als Sketch. c) Lerne den Witz auswendig. Erzähle ihn.

Lösung Witz 56

1. Lies die Sätze.

Birnenpflücker sitzt und Herr einem in Restaurant ruft:
Ober, vier in „Herr meiner schwimmen Suppe Fliegen!"
ist Ober entzückt und Der meint:
„Ach, Eine niedlich! wie Schwimm-Staffel!"

2. Ordne die Wörter in jedem Satz. Schreibe den Witz richtig ab. Lies.

Herr Birnenpflücker sitzt in einem Restaurant und ruft:
„Herr Ober, in meiner Suppe schwimmen vier Fliegen!"
Der Ober ist entzückt und meint:
„Ach, wie niedlich! Eine Schwimm-Staffel!"

3. Kreuze an.

	ja	nein	vielleicht
a) In dem Restaurant sitzt Herr Apfelpflücker.	☐	☒	☐
b) In der Suppe von Herrn Birnenpflücker schwimmen vier Fliegen.	☒	☐	☐
c) Der Ober meint, dass die vier Fliegen das Tauchen üben.	☐	☒	☐
d) Die vier Fliegen schwimmen in einer Tomatensuppe.	☐	☐	☒

4. Das kannst du auch noch machen:
a) Male einen Comic zum Witz. b) Spielt den Witz als Sketch. c) Lerne den Witz auswendig. Erzähle ihn.

Lösung Witz 57

Tipp: Schreibe Zahlen über die Wörter.

1. Lies die Sätze.

Herr seinem erzählt Freund Clever freudestrahlend:
habe „Gestern Deutsche Bahn die ich veräppelt.“
Freund Der fragt: „Wie das denn du hast gemacht?“
„Ich ein mir Ticket Fuß und gekauft habe zu bin gegangen.“

2. Ordne die Wörter in jedem Satz. Schreibe den Witz richtig ab. Lies.

Herr Clever erzählt seinem Freund freudestrahlend:
„Gestern habe ich die Deutsche Bahn veräppelt.“
Der Freund fragt: „Wie hast du das denn gemacht?“
„Ich habe mir ein Ticket gekauft und bin zu Fuß gegangen.“

3. Kreuze an.

	ja	nein	vielleicht
a) Herr Clever wollte die Deutsche Bahn veräppeln.	☒	☐	☐
b) Herr Clever hat sich eine Fahrkarte gekauft und ist dann nicht gefahren.	☒	☐	☐
c) Sein Freund ist Schaffner.	☐	☐	☒
d) Die Fahrkarte für die Zugfahrt hat zehn Euro gekostet.	☐	☐	☒

4. Das kannst du auch noch machen:

a) Male einen Comic zum Witz. b) Spielt den Witz als Sketch. c) Lerne den Witz auswendig. Erzähle ihn.

Lösung Witz 58

Tipp: Schreibe Zahlen über die Wörter.

1. Lies die Sätze.

fordert den Der Dieb Richter sein auf, zu Schweigen brechen:
„Sagen Ihres Sie den mir Namen sofort Komplizen!“
erwidert dem Leo der Da angeklagte Langfinger Richter:
ich Vaters „Niemals werde Namen den meines Ihnen sagen!“

2. Ordne die Wörter in jedem Satz. Schreibe den Witz richtig ab. Lies.

Der Richter fordert den Dieb auf, sein Schweigen zu brechen:
„Sagen Sie mir sofort den Namen Ihres Komplizen!“
Da erwidert der angeklagte Leo Langfinger dem Richter:
„Niemals werde ich Ihnen den Namen meines Vaters sagen!“

3. Kreuze an.

	ja	nein	vielleicht
a) Leo Langfinger hat etwas gestohlen.	☒	☐	☐
b) Leo Langfinger steht vor Gericht.	☒	☐	☐
c) Sein Komplize heißt mit Nachnamen Langfinger.	☒	☐	☐
d) Sein Komplize heißt mit Vornamen Lars.	☐	☐	☒

4. Das kannst du auch noch machen:

a) Male einen Comic zum Witz. b) Spielt den Witz als Sketch. c) Lerne den Witz auswendig. Erzähle ihn.

Lösung Witz 59

1. Lies die Sätze.

Auf schüttelt Wiese Kuh einer Elsa hin Euter und ihr her.

Da fragt Kuh die ihre Karla Freundin: „Was du machst da?“

Kuh antwortet Elsa:

„Ich Geburtstag mal und die morgen mache habe schon Sahne.“

2. Ordne die Wörter in jedem Satz. Schreibe den Witz richtig ab. Lies.

Auf einer Wiese schüttelt Kuh Elsa ihr Euter hin und her.

Da fragt ihre Freundin Karla die Kuh: „Was machst du da?”

Kuh Elsa antwortet:

„Ich habe morgen Geburtstag und mache schon mal die Sahne.”

3. Kreuze an.

a) Auf einer Wiese schüttelt die Kuh Karla ihr Euter hin und her.	ja [ ]	nein [x]	vielleicht [ ]
b) Die Kuh Elsa hat morgen Geburtstag.	ja [x]	nein [ ]	vielleicht [ ]
c) Die Kuh Elsa wird sieben Jahre alt.	ja [ ]	nein [ ]	vielleicht [x]
d) Die Sahne für den Geburtstag macht die Kuh Elsa.	ja [x]	nein [ ]	vielleicht [ ]

4. Das kannst du auch noch machen:

a) Male einen Comic zum Witz. b) Spielt den Witz als Sketch. c) Lerne den Witz auswendig. Erzähle ihn.

Lösung Witz 60

1. Lies die Sätze.

flitzt Karlchen aufgeregt seiner die in zu Küche Mama:

„Mama, die ich Versehen Leiter aus habe umgestoßen!“

„Dann Papa, damit hol Leiter er wieder die aufstellt.“

„Papa nicht! kann hängt Der der an Dachrinne!“

2. Ordne die Wörter in jedem Satz. Schreibe den Witz richtig ab. Lies.

Karlchen flitzt aufgeregt in die Küche zu seiner Mama:

„Mama, ich habe aus Versehen die Leiter umgestoßen!“

„Dann hol Papa, damit er die Leiter wieder aufstellt.“

„Papa kann nicht! Der hängt an der Dachrinne!“

3. Kreuze an.

a) Karlchen rennt aufgeregt in die Küche zu seiner Mutter.	ja [x]	nein [ ]	vielleicht [ ]
b) Karlchen hat die Leiter am Apfelbaum aus Versehen umgestoßen.	ja [ ]	nein [x]	vielleicht [ ]
c) Der Papa stellt die Leiter wieder auf.	ja [ ]	nein [x]	vielleicht [ ]
d) Der Opa hängt an der Dachrinne.	ja [ ]	nein [x]	vielleicht [ ]

4. Das kannst du auch noch machen:

a) Male einen Comic zum Witz. b) Spielt den Witz als Sketch. c) Lerne den Witz auswendig. Erzähle ihn.

Medientipps

Literatur

Bany-Winters, Lisa:
Theater-Spiel-Training für Kinder. Alles für den großen Auftritt.
Kl. 3–6, Verlag an der Ruhr, 2000.
ISBN 978-3-86072-565-8

Buck, Petra (Hrsg.):
Lach dich scheckig! Die 888 besten Witze für den Pausenhof.
ab 9 J., Ravensburger Buchverlag, 2014.
ISBN 978-3-473-54423-3

Hautzel, Annette; Raether, Annette:
Spannende Lesetexte – Klasse 3.
3-fach differenzierte Materialien zum Textverständnis.
Verlag an der Ruhr, 2014.
ISBN 978-3-8346-2592-2

Kurt, Aline:
Spannende Lesetexte – Klasse 2.
3-fach differenzierte Materialien zum Textverständnis.
Verlag an der Ruhr, 2014.
ISBN 978-3-8346-2591-5

Löwenberg, Ute:
Schul-Witze. Witze für Erstleser.
ab 6 J., Ars edition, 2014.
ISBN 978-3-7607-9931-5

Mithra, Salome P.:
77 Methoden für den aktiven Umgang mit Texten.
Kl. 1–4, Verlag an der Ruhr, 2010.
ISBN 978-3-8346-0689-1

Schweiggert, Alfons:
Mit Witzen durch das ganze Jahr.
Eine fröhliche Witzgeschichtesammlung für die Schule.
Kl. 1–4, Brigg Verlag, 2014.
ISBN 978-3-8481-1095-7

Standfest, Claudia:
So werde ich Lese-Kommissar.
8 Lesestrategien differenziert erarbeiten.
Kl. 2–4, Verlag an der Ruhr, 2011.
ISBN 978-3-8346-0862-8

Vogt, Susanne:
Spannende Lesetexte – Klasse 4.
3-fach differenzierte Materialien zum Textverständnis.
Verlag an der Ruhr, 2014.
ISBN 978-3-8346-2593-9

Internet

www.blinde-kuh.de/witze
www.kidsweb.de/schule/witz.htm

Auf diesen Seiten können Kinder Witze für Kinder schreiben.

50 Grammatik-Spiele für die Grundschule

Spielanleitungen und Kopiervorlagen

Kl. 2–4, 64 S., A4, Hefter mit Kopiervorlagen
ISBN 978-3-8346-2313-3

80 schnelle Spiele für die DaZ- und Sprachförderung

Für Plenum, Kleingruppen und Freiarbeit

Kl. 1–2, 136 S., 17 x 24 cm, Paperback, mit PDFs und bearbeitbaren Word-Dateien auf CD
ISBN 978-3-8346-2310-2

Max erforscht Feiertage rund um das Jahr

Vorlesegeschichten mit Zuhörfragen

Kl. 1–4, 120 S., 16 x 23 cm, Paperback
ISBN 978-3-8346-0941-0

Verlag an der Ruhr

Postfach 10 22 51
45422 Mülheim an der Ruhr

Telefon 030/89 785 235
Fax 030/89 785 578

bestellungen@cornelsen-schulverlage.de
www.verlagruhr.de

Es gelten die Preise auf unserer Internetseite.

Zum Schreiben verführen

Über 100 Schreibanlässe für eigene Klapp-, Falt- und Pop-up-Bücher

Kl. 2–4, 91 S., A4, Paperback
ISBN 978-3-8346-0482-8

80 Bild-Impulse als Erzähl- und Schreibanlässe

Kl. 1–4, A5 quer, 80 farbige Bildkarten mit 24-seitigem Begleitheft
ISBN 978-3-8346-0946-5

Deutsch kann man anfassen!

40 Spiele und handlungsorientierte Unterrichtsmaterialien – schnell selbst gemacht

Kl. 1–4, 135 S., 16 x 23 cm, Paperback
ISBN 978-3-8346-0942-7

Deutsch mit dem ganzen Körper

60 Bewegungsspiele für alle Bereiche des Deutschunterrichts

Kl. 1–4, 98 S., 16 x 23 cm, Paperback
ISBN 978-3-8346-0481-1

Vielseitigkeit im Deutschunterricht

Verlag an der Ruhr

Postfach 10 22 51
45422 Mülheim an der Ruhr

Telefon 030/89 785 235
Fax 030/89 785 578

bestellungen@cornelsen-schulverlage.de
www.verlagruhr.de

Es gelten die Preise auf unserer Internetseite.

Merk-Poster

■ Rechtschreibung – Grundlagen

Kl. 1–3, A3, 12 farbige Poster
ISBN 978-3-8346-2253-2
Ebenfalls erhältlich:
Rechtschreibung – Aufbauwissen

Merk-Poster

■ Deutsch-Wissen auf einen Blick – Klasse 1/2

Kl. 1–2, 12 farbige Poster, A3
ISBN 978-3-8346-0866-6

Merk-Poster

■ Deutsch-Wissen auf einen Blick – Klasse 3/4

Kl. 3–4, 12 farbige Poster, A3
ISBN 978-3-8346-0867-3

■ „Mir hat gut gefallen, dass …"

88 Impulskarten für gezielte und begründete Reflexionen

Kl. 1–6, 88 farbige Impulskarten, A4, banderoliert
ISBN 978-3-8346-2309-6

■ Alleine, mit dem Partner oder in der Gruppe?

70 Signalkarten zu allen Sozialformen

Kl. 1–7, 70 farbige Signalkarten,
12 x 12 cm, banderoliert
ISBN 978-3-8346-2308-9

■ Das brauchst du!

232 Materialkarten zur Visualisierung

Kl. 1–4, 160 farbige Karteikarten, A6
ISBN 978-3-8346-1293-9

■ Was machen wir als Nächstes?

99 Tages- und Stundenplankarten

Kl. 1–4, 99 farbige Karten, 12 x 12 cm, banderoliert
ISBN 978-3-8346-0939-7

Klasse organisiert durch den Schulalltag